KU zu den 5 Hauptstücken des Kleinen Katechismus | Ein Arbeitsbuch zu »Denk mal nach ... mit Luther«

Im Auftrag des Rates der Evangelischen Kirche der Union
Herausgegeben von der Kirchenkanzlei der EKU

Erarbeitet von Christian Witting, Ulrike Baumann, Dietmar Gerts und Olaf Trenn
unter Mitarbeit von Marion Gardei und Dr. Reinhard Kirste

Christian Witting

DAS ABENDMAHL
... so bringe ich auch uns zusammen

5

Originalausgabe

Die Deutsche Bibliothek – CIP-Einheitsaufnahme

KU zu den 5 Hauptstücken des Kleinen Katechismus :
ein Arbeitsbuch zu »Denk mal nach ... mit Luther« /
[im Auftr. des Rates der Evangelischen Kirche der Union hrsg. von
der Kirchenkanzlei der EKU]. – Gütersloh: Gütersloher Verl.-Haus
    ISBN 3-579-01798-5

5/6. Das Abendmahl, so bringe ich auch uns zusammen; Beichte und Vergebung,
    Tag der offenen Tür / Christian Witting ; Olaf Trenn. – 1997

ISBN 3-579-01798-5
© Gütersloher Verlagshaus, Gütersloh 1997

Das Werk einschließlich aller seiner Teile ist urheberrechtlich geschützt. Jede Verwertung außerhalb der
engen Grenzen des Urheberrechtsgesetzes ist ohne Zustimmung des Verlages unzulässig und strafbar.
Das gilt insbesondere für Vervielfältigungen, Übersetzungen, Mikroverfilmungen und die Einspeicherung
und Verarbeitung in elektronischen Systemen.

Umschlaggestaltung: INIT, Bielefeld, unter Verwendung des Bildes »Gastmahl in Emmaus«
von Volker Stelzmann, 1983/84 (farbl. verändert)
Satz: Weserdruckerei Rolf Oesselmann GmbH, Stolzenau
Druck und Bindung: PPK – Partner für Print und Kommunikation GmbH, Bielefeld
Gedruckt auf chlorfrei gebleichtem Werkdruckpapier
Printed in Germany

Das Abendmahl | **Inhaltsverzeichnis** | 5

EINFÜHRUNG 7
   Theologisch-didaktischer Überblick über die folgenden Vorschläge
   zu Konfirmandenunterricht und Gemeindearbeit

Eine geheimnisvolle Mahlzeit 9
   Einstimmung, Sensibilisierung und Motivierung der Konfirmandengruppe
   für die weitere Beschäftigung mit dem Thema durch eine ➔ *gemeinsame
   Mahlzeit*.

   Mit Jugendlichen oder Erwachsenen   12
   Ein Vorschlag für die ➔ *Feier einer Mahlzeit* mit Jugendlichen oder
   Erwachsenen, z.B. als Impuls zur weiteren Beschäftigung mit dem Thema.

Hunger auf Abendmahl 14
   Ein ➔ *gesprächsorientiertes Verfahren* für Konfirmandinnen und Konfirman-
   den. Auf dem Weg von realen zu übertragenen Bedeutungen von Hunger und
   Durst wird eine erste Deutung des Abendmahlsgeschehens versucht.

   Mit Senioren   16
   Ein Vorschlag für einen Nachmittag mit Senioren über den Hunger des
   Leibes und des Lebens, in dessen Verlauf auch über erhoffte und erfahrene
   »Sättigung« am Tisch des Herrn gesprochen werden kann.

Einen Schatz finden 17
   ➔ *Schatzsuche*, ein Geländespiel für Konfirmandinnen und Konfirmanden in
   den Gemeinderäumen und in der Kirche, bei dem entdeckt werden kann, was
   Menschen in Brot und Wein beim Abendmahl gesucht und gefunden
   haben.

   Mit Erwachsenen   20
   Schatzsuche im ➔ *Gesangbuch*. Vorschlag für eine Seminarreihe zum Thema
   Abendmahl.

»... ist er lebendig unter uns« 22
   Eine ➔ *kreative Bibelarbeit* für Konfirmandinnen und Konfirmanden über die
   Emmausgeschichte (Lk 24), in der ein ➔ *Poster* anregt, die Frage nach der
   Gegenwart des Auferstandenen im Abendmahl zu erörtern.

   Mit Erwachsenen   23
   Vorschlag für einen Gesprächsnachmittag oder -abend mit Erwachsenen
   über das ➔ *Bild* »Gastmahl in Emmaus« von Volker Stelzmann.

Nun segne, Herr, uns Brot und Wein 28
   Abendmahlsgottesdienst
   Drei Gottesdienstmodelle konkretisieren, wie mit den erarbeiteten
   Ergebnissen Abendmahl gefeiert werden kann.

Einführung

Die Feier des Abendmahls ist in der Evangelischen Kirche in Deutschland (EKD) in den letzten drei Jahrzehnten in Bewegung geraten. Das hat zu liturgischen Neuerungen geführt, zu Wiederentdeckungen, zu einer Verschiebung der Schwerpunktsetzung in der Deutung des Abendmahlsgeschehens und nicht zuletzt auch zu kirchenrechtlichen Konsequenzen.

Indikator, Ursache und Wirkung allen Wandels ist ein deutlicher Anstieg der Teilnehmerzahlen. Es gehen heute mehr evangelische Christen zum Abendmahl als früher, und sie folgen der Einladung zum Tisch des Herrn auch häufiger: Waren es 1971 noch 6,7 Millionen, wurden 1991 9,3 Millionen gezählt.[1] Parallel mit dieser Entwicklung kam es zu einer deutlichen Vermehrung der Abendmahlsfeiern in öffentlichen Gottesdiensten[2], wobei sich die Zahl der Abendmahlsfeiern im Hauptgottesdienst im gleichen Zeitraum verdreifacht hat.[3] Nicht mehr nur an ausgesuchten Festtagen, traditionell Gründonnerstag, Karfreitag und Bußtag, wird das Abendmahl gefeiert, sondern monatlich im Hauptgottesdienst, selbstverständlich an den Hochfesten und vielen weiteren Festtagen (Erntedank, Kirchweih, Jubiläen, Einführungen), zur Eröffnung von Synoden, am Ende der Friedenswoche, bei Jugend- und Familiengottesdiensten, im kleinen Kreis am Wochenschluß oder mit 100 000 zum Abschluß des Kirchentages.

Darin zeigt sich eine andere Art der Wertschätzung: Früher war der Gang zum Abendmahl ein Ereignis, auf das man sich häufig besonders vorbereitete. Das konnte durch eine Beichte am Vorabend oder zu Beginn des Gottesdienstes geschehen, oder auch dadurch, daß man zum Gottesdienst ging, ohne gegessen zu haben. Heute unterstreicht man mehr und mehr die Bedeutung des Abendmahls dadurch, daß man nicht mehr darauf verzichten will, und wertet den ganzen Gottesdienst als Vorbereitung. Daß die regelmäßige Teilnahme am Abendmahl für viele gar nicht mehr wegzudenken ist, wird auch aus dem Engagement deutlich, mit dem verschiedene Diskussionen um verantwortbare Formen der Abendmahlsfeier geführt werden: Wein oder Saft mit Rücksicht auf Alkoholkranke? Gemeinschaftskelch oder – mit Blick auf ein mögliches Ansteckungsrisiko – doch lieber Einzelkelche? Aus dem gemeinsamen Kelch trinken oder die Oblate nur noch in den herumgereichten Kelch eintauchen?

Im Zuge dieser Entwicklung haben sich für die Feier des Abendmahls in Anlehnung an die Agende, oder auch in großer Freiheit von ihr, eine Vielzahl neuer Formen entwickelt (Gebete, Liturgien, Kommunion im Kreis um den Altar oder auch in den Bankreihen, Agapefeiern und Feierabendmahle), bisweilen wurden auch alte wiederentdeckt (Eucharistisches Gebet, Einzelkelche, Wandelkommunion). Der Vorentwurf Erneuerte Agende[4] versucht, diesen Reichtum zu integrieren.

In der Deutung des Abendmahlsgeschehens stand jahrhundertelang der Aspekt der Sündenvergebung im Vordergrund von Verkündigung und liturgischer Praxis (Verbindung mit der Gemeindebeichte zu Beginn des Gottesdienstes). Das hat sich tief im Bewußtsein der Gemeindeglieder verankert und im knienden Empfang von Brot und Wein vor dem Altar seinen leiblichen Ausdruck gefunden. Jetzt ist – auch als direkte Folge großer Teilnehmerzahlen – der Gemeinschaftsaspekt wichtiger geworden: Wenn nahezu die ganze Gottesdienstgemeinde, jung und alt, zum Mahl um den Altar steht und sich zum Friedensgruß die Hände reicht, wenn Konfirmandinnen und Konfirmanden am Ende einer Freizeit das Abendmahl an einem großen Tisch im Rahmen einer meist festlichen Mahlzeit feiern, dabei singen, beten und fröhlich sind, haben es andere Deutungen auch schwer.[5]

Kirchenrechtlich führte die Gewohnheit häufigeren Abendmahlsbesuchs zu einem Nachdenken über die Voraussetzungen der Abendmahlsteilnahme. Die Zulassungsbedingungen wurden gelockert: Nicht allein die konfirmierten Gemeindeglieder sind zum Abendmahl geladen, sondern auch Kinder, wenn sie ein altersgemäßes Verständnis des Abendmahlsgeschehens entwickelt haben, und Konfirmanden, wenn sie getauft sind und das Abendmahl im Unterricht behandelt wurde.

Alle Veränderungen haben sich in der Unterrichtsliteratur niedergeschlagen. Eine konfirmandengemäße Liturgie, eine im Unterricht vorbereitete und von Konfirmandinnen und Konfirmanden gestaltete Abendmahlsfeier gehört für Viele zu den selbstverständlichen Inhalten und Höhepunkten

---

1 Alle statistischen Angaben stammen von der Studien- und Planungsgruppe der EKD, Kirchenamt der EKD, Postfach 21 02 20, 30402 Hannover. Das Zählverfahren ist in allen angegebenen Zeiträumen gleich geblieben.
2 1965: 173.806, 1991: 225.427.
3 1965: 59.122, 1991: 184.719. In diesem Zeitraum ging dagegen die Zahl der im Anschluß an den Gottesdienst angebotenen Abendmahlsfeiern von 84.024 auf 18.836 zurück.

4 **Vereinigte Lutherische Evangelische Kirche Deutschlands und Evangelische Kirche der Union (Hgg.), Erneuerte Agend, Vorentwurf,** Hannover 1990.
5 Hier ist sicher eine der Ursachen zu suchen, warum die Haus und Krankenabendmahlsfeiern von 1965 (99.315) bis 1991 (51.295) um die Hälfte zurückgegangen sind.

8 | Einführung | Das Abendmahl

der Konfirmandenzeit. In aller Regel wird auch versucht, Gemeinschaftserlebnisse und -gefühle für das Verständnis des Abendmahlsgeschehens nutzbar zu machen.

Zu dieser bewährten Praxis verhält sich das Material des Abendmahlskapitels im Unterrichtsbuch »Denk mal nach ...« erst einmal sperrig. Es lädt weder dazu ein, Unterrichtsstunden unter einen übergreifenden theologischen Gedanken zu zwängen, noch die Vielfalt erfahrenen Glaubens und systematischer Begriffsbildung wie Gemeinschaft, Vorwegnahme des Reiches Gottes, Gegenwart Christi, Erinnerung seines Leidens und Sterbens oder Vergebung der Sünden vor Konfirmandinnen und Konfirmanden zu entfalten. In meist ruhigen Bildern, Texten und Liedern steht immer wieder das (gebrochene) Brot, daneben der Kelch, im Mittelpunkt. Davon wird die Erzählung einer Abendmahlsfeier in einer Ausnahmesituation eingerahmt. Am Ende findet sich noch ein Lesetext über die Schwierigkeit, einander zu vergeben.

Dieses Material lockt eher zu einem betrachtenden Ansatz, d.h. zu Unterrichtsverfahren, die dazu anleiten, in der einen Wirklichkeit eine andere zu entdecken, die sichtbare Welt transparent werden zu lassen für die unsichtbare. Brot und Wein sollen ihre Geschichten erzählen können von des Menschen Freud und Leid und der Hand Gottes, die darin immer wieder zu spüren ist. So machen wir uns auf den Weg und wollen beginnen zu verstehen, was ein Sakrament ist.

Die Unterrichtsentwürfe und Anregungen für die Gemeindearbeit umkreisen in verschiedenen Variationen die Elemente Brot und Wein. Da liegt ein Brot. Sieh es an. Rieche es. Was sagt es dir? Woran erinnert es dich? An eigenen Hunger? Daran, daß zu viele kein Brot haben? An die Zeit nach dem Krieg? Ein, zwei Geschichten vom Brot. Gibt es auch biblische? Ein gedeckter Tisch. Oder eine Schatztruhe. Woran erinnert dich das? Da steht ein Kelch. Nimm ihn in die Hand. Es ist etwas eingraviert. Die Jahre haben Spuren an ihm hinterlassen. Wenn dieser Kelch reden könnte ... So wird immer wieder versucht, Einstellungen, Gefühle, Erfahrungen, Lebensbedürfnisse, Konsequenzen und Phantasie wachzurufen, um damit das Abendmahlsgeschehen und die Abendmahlsgaben zu beleuchten. Luthers erdverbundene, handfeste Sprache kommt dem entgegen. Er wird mehrmals beim Wort genommen, um auszuloten, wie weit seine Formulierungen heute tragen können.

Das Unterrichtsangebot auf den folgenden Seiten hat also den Charakter einer Spurensuche. Viele kleine Aussagen und Erkenntnisse ergänzen sich nach und nach zu einem größeren Bild. Das hat keinen Anspruch auf Vollständigkeit und verträgt Ergänzungen aus der Unterrichtsliteratur oder der eigenen »Schatzkiste«.

Methodisch heißt das: Es läßt sich jeder der folgenden Vorschläge auch als Baustein in einem eigenen Konzept verwenden, als Anregung zur Wiederholung und Auffrischung längst vergangener Stunden oder auch einmal als »thematischer« Lückenfüller. Das wird ebenso der Arbeit mit anderen Gemeindegruppen entgegenkommen, wenn ein »roter Faden« über Wochen hinweg nicht gewünscht wird oder technisch schwierig ist.

Mit Konfirmandinnen und Konfirmanden kann man aber natürlich auch alles in der Reihenfolge durchführen, wie sie sich auf den nächsten Seiten findet. Wer es kürzer machen möchte, wird sich je nach Zeit und Temperament vielleicht entscheiden zwischen dem erlebnisorientierten Angebot »Eine geheimnisvollen Mahlzeit« und dem eher auf verschiedene Gesprächsphasen konzentrierte Verfahren »Hunger auf Abendmahl«, dann vielleicht nur noch das Geländespiel »Einen Schatz finden« folgen lassen. Die kreative Bibelarbeit »... als er das Brot brach« mit dem Bild von V. Stelzmann (Poster) kann dazu anregen, in ein geplantes Wochenende zum Thema Abendmahl die Eltern der KonfirmandInnen einzubeziehen. Nach allem Reden und Spielen soll die Gruppe eingeladen werden, an den Tisch des Herrn zu treten: Am Ende eines jeden Kapitels geben »Bausteine für einen Abendmahlsgottesdienst für Konfirmandinnen und Konfirmanden« verschiedene Anregungen, wie die Arbeitsergebnisse aus dem Unterricht in die Feier des Abendmahls eingebracht werden können. Das Kapitel »Nun segne, Herr, uns Brot und Wein ...« konkretisiert das noch einmal an drei Gottesdienstmodellen.

Für die Arbeit mit anderen Gemeindegruppen werden im Anschluß an jede Konfirmandenstunde Vorschläge gemacht, wie das Unterrichtsthema mit älteren Jugendlichen und/oder mit Erwachsenen erschlossen werden kann.

Eine geheimnisvolle Mahlzeit

Eine geheimnisvolle Mahlzeit

An einer Mahlzeit ist nichts Geheimnisvolles. Schließlich setzt man sich Tag für Tag »zu Tisch«. So wird der Tag begonnen, der Arbeitstag beendet, Hunger gestillt und Durst, hin und wieder auch etwas gefeiert. Jeder kennt das, und Gedanken machen sich darüber nur diejenigen, die die Mahlzeit zubereiten.

In der Kirche ist es anders. Wenn im Gottesdienst zu Tisch gebeten wird, geht es durchaus geheimnisvoll zu: Stehend im Kreis oder kniend auf den Altarstufen empfängt man schweigend und ernst eine Oblate und einen Schluck Wein aus einem Kelch, der gleich der Nachbarin oder dem Nachbarn weitergereicht wird. Ein eigentümliches »Mahl«. Geschlossene Gesellschaft? Geschieht dort etwas, was man nicht sehen kann? Was bedeuten die Worte, die gesprochen werden? Was hat es mit Brot und Wein auf sich?

Vor und neben allem Erklären und Verstehen wollen wir uns Zeit nehmen für die Situation und für die Dinge: Brot und Wein sprechen zu mir. Die Gemeinde, die sich im Kreis versammelt und nach dem Mahl an den Händen faßt, tut es auch. Ebenso der Kelch, auf dem vielleicht eine alte Jahreszahl eingraviert ist und der Brotteller (Patene), der von Hand zu Hand weitergeht und vom vielen Gebrauch schon ganz abgegriffen ist. Das alles kann »durchsichtig« und so zum Geburtshelfer des Glaubens werden. Biblische und andere Geschichten kommen hinzu und helfen weiter.

KURZE GRUNDINFORMATION ÜBER DIE EINSETZUNG DES ABENDMAHLS

☞ **Viermal wird im Neuen Testament** die Einsetzung des Abendmahls überliefert (Mt 26,26-30; Mk 14,22-24; Lk 22,15-20; 1 Kor 11,23-25).[1] Trotz aller wörtlichen Unterschiede zeigen übereinstimmend die Verben nehmen, danken, brechen (für das Brot) den Verlauf des Geschehens.[2] Jesus handelt als Gastgeber und Hausherr, der die Mahlzeit mit je einem Lobspruch über dem Brot eröffnet und über dem Becher abschließt.

Mk (14,12-16) und vor allem Lk (22,7-16) stellen die Einsetzung des Abendmahls in den Rahmen des Passamahls, mit dem das Volk Israel der Befreiung aus Ägypten durch Gott gedenkt. Aller Wahrscheinlichkeit nach hat aber Jesus das letzte Mahl nicht als Passamahl gefeiert.[3] Das hätte in den Abendmahlstexten seinen Niederschlag finden müssen.[4] Vielmehr bilden das Passamahl, wie auch andere jüdische Bräuche bei einer nicht alltäglichen Mahlzeit[5], lediglich den Hintergrund für das, was im letzten Mahl Jesu gegenüber allem Hergebrachten völlig neu geschieht. Dieses Neue liegt in den Worten[6], mit denen Jesus die Gaben Brot und Wein auf seine Person (Das ist mein Leib) und sein Leben (Das ist mein Blut) bezieht: In Brot und Wein gibt sich Jesus als der, der ans Kreuz geht.[7] Er gibt den Gästen an seinem Tisch leibhaft Anteil an seinem Leiden und Sterben und stiftet die durch sein Sterben gefährdete Gemeinschaft der Jünger neu.[8]

Das Wort vom »neuen Bund« (Mk 14,24 par, 1 Kor 11,25) macht deutlich, daß dieses Sterben Jesu nach Gottes Willen geschieht und eine neue Gemeinschaft der Gäste an Jesu Tisch mit Gott zum Inhalt hat. Ermöglicht wird dieses »neue Gottesverhältnis«[9] durch Jesu Tod »für viele (d.h. alle[10]) zur Vergebung der Sünden« (Mt 26,28) Sünde und Tod stehen nicht mehr zwischen Gott und

---

1. Zumindest Mk und 1 Kor, im ganzen auch Lk, sind voneinander unabhängig, **G. Delling, Art. Abendmahl, Theologische Realenzyklopädie,** Berlin/New York 1977, Bd. 1, S. 50f.
2. **H.-Ch. Schmidt-Lauber, Die Eucharistie als Entfaltung der verba testamenti,** Kassel 1957, S. 43-46.
3. Die Forschungsergebnisse zusammenfassend **G. Delling,** aaO. S. 48f. Bei **Schmidt-Lauber,** aaO. S. 46-49 ist ein kurzgefaßter Vergleich zwischen dem Passa-Ritual und der Einsetzung des Abendmahls zu finden. Die Gegenposition vertritt: **J. Jeremias, Die Abendmahlsworte Jesu,** Göttingen 1960, bes. S. 35ff.
4. Gleichwohl war der Hintergrund des Passafestes immer auch ein Deutehorizont für das Abendmahl, vgl. 1 Kor 5,7.
5. Nähere Informationen über das jüdische Gastmahl bei: **Strack-Billerbeck, Kommentar zum Neuen Testament aus Talmud und Midrasch,** München 1956, Bd. IV 2, S. 611-639.
6. **H.-Ch. Schmidt-Lauber,** aaO. S. 48.
7. Knappste Zusammenfassung zur Einzelbedeutung des Brot- und des Kelchwortes: **G. Delling,** aaO. S. 53-55.
8. **J. Roloff, Neues Testament,** Neukirchen-Vluyn 1985 4. Aufl., S. 219. Roloff bietet S. 211-227 einen kurzgefaßten exegetischen Überblick über das Thema »Abendmahl« im Neuen Testament.
9. **G. Delling,** aaO. S. 50.
10. Das Neue Testament hat, semitischem Sprachgefühl folgend, dieses Wort in ganz umfassendem Sinne verstanden: »Christus stirbt für alle, für die Versöhnung der Welt« (**J. Jeremias, Art. polloi, Theologisches Wörterbuch zum Neuen Testament,** Stuttgart 1959, S. 544,19).

den Menschen, denn Jesus hat stellvertretend unsere Sünden, wie später der erste Petrusbrief formuliert, »hinaufgetragen ... an seinem Leibe auf das Holz« (1 Petr 2,24).

Bei Mk und Mt ist eine Linie vom Abendmahl zum »eschatologischen Mahl« gezogen, d.h. der Tischgemeinschaft im Reich Gottes. Das Abendmahl gibt damit in der Gegenwart schon Anteil an der Zukunft Gottes.[11] In gleicher Weise hatte Jesus Zöllner, Sünder (Mk 2,13ff.) und Randsiedler (Lk 14,16ff.) durch die Mahlfeier schon vergebend hineingenommen in die kommende Herrschaft Gottes.

In der Feier des Abendmahls »spiegeln sich Phasen der Heilsgeschichte«[12]. Mit ganz anderen Worten gesagt: In der Feier des Abendmahls wird in einem »kultdramatischen Akt ... (die) Urszene des christlichen Glaubens vergegenwärtigt«.[13] Die Kommunikanten inkorporieren in Brot und Wein Christi Leib und Leben und werden so als Glieder am Leibe Christi selbst Teil der Heilsgeschichte Gottes mit den Menschen.

Das alles bleibt das große Geheimnis Gottes und ein Geheimnis des Glaubens. »Jede theologische Reflexion, die die Logik des Abgründigen freizulegen versucht, ist daran zu messen, inwieweit sie die Aura des Unverständlichen zu respektieren vermag.«[14]

---

[11] »Das ist das fundamental ›Neue‹ gegenüber der leiblich irdischen Tischgemeinschaft Jesu« (**H.-Ch. Schmidt-Lauber.** aaO. S. 59).
[12] Ein sehr weiter Bogen der Heilsgeschichte von der Schöpfung bis zur Erlösung ist gespannt in: **Gemeinsame römisch-katholische/evangelisch-lutherische Kommission, Das Herrenmahl,** Paderborn/Frankfurt a.M. 1979, S. 14.
[13] **M. Josuttis, Der Weg ins Leben,** München 1991, S. 287.
[14] **M. Josuttis,** ebd. S. 247.

MIT KONFIRMANDINNEN UND KONFIRMANDEN

■ Überblick über die Arbeitsschritte
1. Einstimmung
2. Vorbereitung einer Mahlzeit (in Kleingruppen)
3. Eine Mahlzeit feiern

Absicht
Die KonfirmandInnen sollen für Bilder, Geschichten, Hoffnungen und Bedeutungsgehalte sensibilisiert werden, die bei der Feier des Abendmahls in Brot und Wein gegenwärtig sind.

Material
- Tischtücher (Laken), um eine aus mehreren Tischen zusammengestellte Tafel für ein gemeinsames Mahl ansprechend decken zu können.
- Holzbretter für das Brot, Krüge für den Saft, Gläser, Teller, Servietten, evtl. Besteck, Kerzen (Leuchter, wenn vorhanden).
- Fladenbrote (oder andere Weißbrote); Saft; außerdem nach Belieben Lebensmittel für ein einfaches Mahl: Obst (vor allem Trauben), Oliven, Käse, Rohgemüse, Yoghurt (z.B. mit Salz und Cumin zu einer schmackhaften Soße anrühren, in die das Gemüse eingetaucht werden kann), ...
- Wasserfarben und Borstenpinsel, Packpapier, Klebeband
- Karteikarten und Kugelschreiber

Vorbereitungen
Unterrichtsraum (wenn nötig) säubern und aufräumen, benötigte Tische vielleicht in einer ungewohnten Form zusammenstellen, wenn möglich, das übrige bewegliche Mobiliar herausräumen.

Zeit
90 Minuten

Verlauf

1. Einstimmung
Information über das Arbeitsvorhaben, z.B.:
- Jesus hat kurz vor dem Tod mit seinen Jüngern eine Mahlzeit gefeiert. Nach jüdischer Sitte hat er dabei das Brot gebrochen und über dem Becher ein Segenswort gesprochen. Er wollte damit wie in einem Testament seinen Jüngern etwas mitteilen und hinterlassen. Wir wollen heute herausfinden, was er mit diesem Mahl sagen wollte. Dazu werden wir eine einfache Mahlzeit vorbereiten, Brot essen, Saft trinken, singen und dabei einige Geschichten hören.

2. Vorbereitung einer Mahlzeit (in Kleingruppen)
Gruppen zu 2 – 4 Konfirmandinnen und Konfirmanden entscheiden sich für eine der folgenden Aufgaben. Bei klei-

neren Gruppen vor der Unterrichtsstunde den Tisch selbst decken und aus den weiteren Aufgaben auswählen.

- *Den Tisch decken*
  Tischtücher aufdecken, Teller, Servietten, Gläser, Liederzettel an jeden Platz und evtl. Besteck, Kerzen, z.B. Zweige oder Blätter als Schmuck.
  Brote auf die Holzbretter legen, Saft in die Krüge füllen, Lebensmittel auf Schalen oder Platten legen, Rohgemüse putzen und anrichten.
  Mit einem großen Tuch läßt sich in dieser Weise auch sehr gut ein eindrucksvoller und ungewohnter Eßplatz auf dem Boden herrichten. In diesem Fall Kissen oder Decken zum Sitzen bereitlegen.

- *Eine Geschichte spielen*
  »Das Brot des Bäckers« (Denk mal nach ..., S. 214) in einem kleinen Spielszene darstellen.

- *Ein Gedicht bearbeiten*
  »Das Brot ist der Himmel« (Denk mal nach ..., S. 215) mit großen Buchstaben auf eine Wandzeitung schreiben. Jede Konfirmandin/jeder Konfirmand entwirft dann eine eigene Gedichtzeile. Diese Zeilen können zu einem neuen Gedicht zusammengestellt oder auch an geeigneter Stelle in das vorgegebene Gedicht integriert werden. Wenn noch Zeit ist, können vielleicht auch verschiedene Sprechformen des nun vorliegenden neuen Gedichtes geprobt werden.

- *Eine biblische Geschichte erzählen*
  Die entscheidende Szene einer »Mahlgeschichte« aus der Bibel in einem Piktogramm darstellen. Textvorschläge: Berufung des Levi (Mk 2,13-17), Speisung der 5000 (Lk 9,10-17), Gleichnis vom Festmahl (Lk 14,15-24), Zachäus (Lk 19,1-10), Hochzeit in Kana (Joh 2,1-12), Erscheinung des Auferstandenen am See Tiberias (Joh 21,1-14).
  In der Erprobung waren für die Bilder jeweils 2 Packpapierbahnen von 2m Länge mit Klebeband aneinandergeklebt. Das hat den Raum sehr eindrucksvoll gestaltet.

EIN PIKTOGRAMM MALEN

Ein Piktogramm ist eine Strichzeichnung, die in einem graphischen Bildsymbol (z.B. Totenkopf für Gift, zwei ineinanderliegende Ringe für Stereoempfang, ✂ für ausschneiden) einen bestimmten Sachverhalt ausdrückt. Viele Piktogramme sind zur Vermeidung von Mißverständnissen international geregelt. Für Konfirmandinnen und Konfirmanden kann das Entwerfen eines Piktogramms eine Anregung sein, eine biblische Geschichte (oder auch einen anderen Zusammenhang) auf den Punkt zu bringen. Gleichzeitig erhalten sie durch das Bildsymbol eine Erzählhilfe, wenn sie ihre Geschichte dem Rest der Gruppe erläutern.

Material:
- Packpapier in der Größe 100 x 100 cm. Das entspricht der Breite einer Packpapierrolle und macht beim Zuschneiden die wenigste Mühe.
- Pinsel, mindestens 2 cm breit
- Wasserfarben (Fingermalfarbe, Dispersionsfarbe)
- Wassergefäße, Küchenkrepp

Bewährter Arbeitsablauf:
- Konfirmandinnen und Konfirmanden erhalten ein Textblatt mit der Geschichte, die sie bearbeiten sollen.
- Auf diesem Textblatt ein oder zwei Sätze unterstreichen, die in der Geschichte auf keinen Fall fehlen dürften, oder sonstwie aufregend, ärgerlich, unverständlich sind.
- Packpapier und Pinsel nehmen, eine (!) Farbe wählen.
- Mit einem dicken Strick ein Rahmen für das Piktogramm malen.
- Einen der ausgewählten Sätze in einer Strichzeichnung oder in einem Symbol darstellen. Es geht nicht darum, ein schönes Bild zu tuschen, sondern für den Sachverhalt mit einfachen Strichen eine Formel oder einfache Grafik zu finden. Beispiel: 5 Brot und 2 Fische kann ich natürlich gegenständlich darstellen, aber auch als »5 + 2« darstellen oder lauter Kreise als »hungrige Münder« malen.
- Wenn das Piktogramm fertig ist, überlegen, wie mit seiner Hilfe in ca. 5 Sätzen den anderen die Geschichte erzählt werden kann.

Zusätzliche Möglichkeiten:
- Einen Akzent in einer zweiten Farbe herausarbeiten (z.B. eine Träne oder etwas durchkreuzen)
- Zur Betonung des Gegenwartsbezugs Bilder, Überschriften, Werbung usw. aus Tageszeitungen ausschneiden und in des Piktogramm einarbeiten.

Dieses Verfahren eignet sich besonders ...
- um das Erzählen zu üben.
- um in kurzer Zeit mehrere Geschichten in der Gruppe (für eine nachfolgende Arbeit) bekannt zu machen.
- als »Wandschmuck«, der die biblische Geschichte im Unterrichtsraum ohne Worte auch in den nächsten Unterrichtsstunden noch gegenwärtig macht.
- für Einzel- oder Partnerarbeit.
- für Leute, die nicht so gerne malen.

3. Eine Mahlzeit feiern

- Der Raum ist vorbereitet, der Tisch gedeckt, Bilder und Textplakate sind aufgehängt, alle stehen vor der Tür, der Leiter zündet die Kerzen an und geht dann ebenfalls hinaus, um mit einleitenden Worten die Wartenden zu beruhigen und einzustimmen; z.B.:
»Wir haben, jeder mit einer anderen Aufgabe, diese Mahlzeit vorbereitet. Versucht jetzt einmal, Augen und Ohren weit aufzumachen. Achtet auf Eure Gedanken, wenn Ihr den Raum betretet und die Mahlzeit auf dem Tisch seht. Was werdet Ihr dazu hören? Und denkt daran: Jesus hat mit seinen Jüngern kurz vor seinem Tod eine Mahlzeit gefeiert, um ihnen wie in einem Testament etwas zu hinterlassen. Aber was?«
- Möglichst ruhig den Raum betreten, den Tisch, die Bilder betrachten und Platz nehmen.

Ablauf des gemeinsamen Essens
- Ein Lied singen, das die Konfirmandinnen und Konfirmanden kennen.
- Eindrücke äußern lassen zum Raum, zum Tisch, zu den Bildern ...
- Das Brot in die Hände nehmen.
  - Wenn dieses Brot reden könnte ...
  - Kann man von Brot satt werden ...
  - Ein Gedicht sagt: »Das Brot ist der Himmel ...«; Äußerungen abwarten.
- Das Gedicht gemeinsam lesen und das Ergebnis der betreffenden Arbeitsgruppe hören.
- Die Geschichte vom Brot des Bäckers vortragen lassen.
  - Kann das eine wahre Geschichte sein?
  - Könnte sie in der Bibel stehen?
  - Was bedeutet das, was ich jetzt tue? – Brot brechen.
  - Jesus hat gesagt: »Das ist mein Leib ...«; Äußerungen abwarten.
- Das Brot verteilen und essen.
- Ein Lied singen. z.B. »Das Brot aus deinen Händen« (Denk mal nach ..., S. 215).
- Saftkrüge herumgeben mit der Bitte, der Nachbarin oder dem Nachbarn einzugießen.
  - Was sagt man bei uns, wenn man sich zutrinkt?
  - Was sagt man in anderen Ländern?
  - Das bedeutet ...?
  - Was wollen wir jetzt sagen?
  - Alle trinken.
- Jesus hat gesagt: »Dieser Kelch ...«; Äußerungen abwarten.
- Ein Lied singen, z.B. »Kann denn das Brot so klein« (Denk mal nach ..., S. 206).
- Gemeinsam essen und trinken, was auf dem Tisch steht
- Gegen Ende ein Lied singen, z.B. »Brich mit den Hungrigen dein Brot« (S. 208).
- Das Bild (die Bilder) mit der biblischen Mahlgeschichte betrachten und die Malerinnen und Maler bitten, dazu etwas zu erzählen.
- Karteikarten herumgeben und Kugelschreiber; alle vervollständigen den Satz: »Wenn wir das Brot brechen und essen ...«. Karteikarten einsammeln und selbst vorlesen.
- Vorschlag für ein Lied zum Abschluß: »Im Frieden dein« (EG 222).

BAUSTEINE FÜR EINEN ABENDMAHLSGOTTESDIENST MIT KONFIRMANDINNEN UND KONFIRMANDEN

Die Ergebnisse der Gruppenarbeit lassen sich für die Gestaltung eines Abendmahlsgottesdienstes verwenden:
- Das erweiterete Gedicht »Das Brot ist der Himmel« kann eine entsprechende Schriftlesung ergänzen, im Zusammenhang mit den Einsetzungsworten vorgetragen werden, ein Fürbittengebet eröffnen oder abschließen;
- Das Anspiel zu der Geschichte vom »Brot des Bäckers« kann eine Predigt einleiten;
- Das Bild einer biblischen Mahlgeschichte kann als Altarbild dienen und als Schriftlesung vom Konfirmandinnen und Konfirmanden erläutert werden.

MIT JUGENDLICHEN ODER ERWACHSENEN

Mit Jugendlichen und/oder Erwachsenen kann in ähnlicher Weise z.B. eine Gesprächsreihe über das Abendmahl eröffnet werden. Je nach Zusammensetzung der Gruppe müssen die oben unter Pkt. 2 genannten Vorbereitungen ergänzt bzw. modifiziert werden. Anregungen:
- Die oben zusammengestellte »Grundinformation über die Einsetzung des Abendmahls« als Grundlage einer »Bibelarbeit bei Tisch« oder eines »Tischgesprächs zu den Einsetzungsworten« verwenden.
- Geschichten zum Wein erzählen lassen, evtl. die Parabel »Zwei Menschen wollten Hochzeit halten« (»Denk mal nach ...«, S. 56) vorlesen.
- Biblische Worte und Geschichten von Brot (Mt 6,11; Mt 14,13- 21; Lk 24,13-35; Joh 6,35) und Wein (Joh 2,1-11) erzählen lassen und mögliche Bezüge zum Abendmahl erörtern.
- Zum Thema »Das Brot ist der Himmel« ein eigenes Gedicht schreiben.

ZWEI ANREGUNGEN FÜR EIN EIGENES, KLEINES GEDICHT

Ein Elfchen

Das ist ein Gedicht aus 11 Worten, die sich nach folgendem Schema über 5 Zeilen verteilen:

1. Zeile	ein Wort	=	eine Farbe
2. Zeile	zwei Wörter	=	ein Gegenstand in dieser Farbe
3. Zeile	drei Wörter	=	wo der Gegenstand ist und/oder was er tut
4. Zeile	vier Wörter	=	in einem kleinen Satz noch mehr über den Gegenstand erzählen, vielleicht mit »ich« beginnen
5. Zeile	ein Wort	=	ein Abschluß

→ *Anleitung auf ein Plakat schreiben und für alle sichtbar anbringen.*

Ein Beispiel: Braun
               das Brot.
               Dort liegt es
               und sieht mich an.
               Seltsam.

Fundort: S. Mönch, Sommergedichte für die Kita, in: Amt für Kindertagesstättenarbeit in der Evangelischen Kirche in Berlin-Brandenburg (Hg.), Anschläge 1/92, S. 37

Ein Haiku

Diese Gedichtform stammt aus Japan und folgt folgenden Regeln:

1. Zeile   fünf Silben
2. Zeile   sieben Silben
3. Zeile   fünf Silben

Der Inhalt dieser Zeilen kann noch näher bestimmt werden (in einem echten Haiku kommt in der ersten Zeile z.B. immer eine Jahreszeit vor), es geht aber auch anders. Es darf, aber es muß nicht gereimt werden.

Ein Beispiel: Bist das Lebensbrot
               Hunger stillst du, linderst Not,
               Hilfst auch durch den Tod.

Ergänzungen – Alternativen – Hinweise

- Wie man auf einer Freizeit Brot backen und Saft pressen kann, ist beschrieben in KU-Praxis 27, S. 64f.
- Wie man einfache Mahlzeiten zubereitet und entsprechend die Tafel dafür herrichtet, hat H. Höhner beschrieben: essen – feiern – meditieren, Neue Formen der Gemeinschaft, GTB 703, Gütersloh 1980.

Hunger auf Abendmahl

Hunger auf Abendmahl

Hunger und Durst begleiten den Menschen vom ersten Lebenstag an, und das Leben hängt ganz und gar davon ab, ob und wie dieses Verlangen gestillt wird. Das gilt wortwörtlich (ob ich am Leben bleibe), wie auch im übertragenen Sinn (ob mein Leben gelingt oder nicht).

Es ist von daher kein Zufall, daß das Motiv »Hunger und Durst« die Heilsgeschichte des Alten und Neuen Bundes durchzieht. Schon ganz am Anfang zwingt eine Hungersnot die Träger der Verheißung Gottes, Abraham und Sarah, nach Ägypten zu ziehen (1 Mose 12,10). Wiederum durch eine Hungersnot (1 Mose 41,53) werden Joseph und seine Brüder in Ägypten versöhnt. Hunger und Durst begleiten nach dem Auszug aus Ägypten das Volk Israel durch die Wüste (2 Mose 16,3). Hunger und Durst, so warnen die Propheten, werden mit den Gericht Gottes einhergehen (Jes 5,13). Hunger schließlich treibt den verlorengeglaubten Sohn zurück zum Vater (Lk 15,17).

Mit der Stillung von Hunger und Durst in dem Land, in dem nach Gottes wahrgewordener Verheißung Milch und Honig fließt (4 Mose 13,27), kommt das Volk Israel zur Ruhe. Am Ende der Zeiten wird, nach dem Propheten Jesaja (25,6ff), der Herr selbst allen Völkern auf dem Zion ein fettes Mahl zubereiten. Jesus stillt auf wunderbare Weise den Hunger der Menschen, die ihm folgen und zuhören (Speisungswunder).

Zum Leben ist jedoch allemal mehr nötig als die Zufriedenstellung des Leibes (4 Mose 8,3; Mt 4,4). Jeder kennt den »Hunger« und den »Durst« nach Liebe, Freiheit, Gerechtigkeit, Geborgenheit, Anerkennung ..., gewiß auch nach Glauben. Amos spricht vom Hunger und Durst nach dem Worte Gottes (Am 8,11), und Johannes läßt Jesus bekennen, daß seine Speise das Tun des Willens des Vaters ist (Joh 4,34). Schließlich wird Jesus selbst zum Brot des Lebens, das allen Hunger stillt (Joh 6,35). An dem Wasser, das er gibt, kann man sich satttrinken (Joh 7,35), denn daraus quillt das ewige Leben (Joh 4,14).

Der Comic (»Denk mal nach ...«, S. 200-201) lebt von den verschiedenen Verstehensmöglichkeiten des Wortes »Hunger«. Es wird von den Jugendlichen wörtlich gebraucht, Luther dagegen benutzt es im übertragenen Sinn. Es entsteht Verwirrung, die in dem anschließenden Gespräch schlagwortartig geklärt wird. Der unvermutete Gebrauch übertragener Wortbedeutung hat im Comic ungewohnte Deutungsmöglichkeiten für das Abendmahl erschlossen. Dieses Verfahren kann unterrichtlich genutzt werden.

MIT KONFIRMANDINNEN UND KONFIRMANDEN

■ Überblick über die Arbeitsschritte
1. Schweigediskussion (Gruppenarbeit)
2. Vorstellung und Erläuterung der entstandenen Textplakate zu »Hunger« und »Durst«
3. Übertragene Wortbedeutungen bewußt machen und anwenden
4. Erkenntnisse auf das Abendmahl übertragen
5. Eine Comicseite betrachten und ergänzen

Absicht
Die Konfirmandinnen und Konfirmanden sollen sich die mit »Hunger« und »Durst« angesprochenen Lebensbedürfnisse bewußt machen und auf unterschiedliche Lebenssituationen übertragen. Sie sollen die Feier des Abendmahls unter dem Aspekt der Stillung von Hunger und Durst betrachten und dabei zu differenzierten Aussagen darüber kommen, was in Gestalt von Brot und Wein am Tisch des Herrn geschenkt wird.

Material
- Packpapier, dicke Filzstifte, Klebeband.
- Weißbrot, Mineralwasser, Becher.
- Nach dem Muster von **M 1** ein Plakat vorbereiten oder **M 1** als Arbeitsbogen kopieren.
- Für jedes Gruppenmitglied ein Exemplar von **M 2** kopieren.

Zeit
60 Minuten

Verlauf

1. Eine Schweigediskussion (Gruppenarbeit)
Zwei Arbeitsgruppen wählen lassen, auch wenn die Gesamtgruppe nur klein ist. Der eine Teil führt zu dem Wort »Hunger«, der andere zu dem Wort »Durst« eine Schweigediskussion durch.

SCHWEIGEDISKUSSION
Durch dieses Verfahren ist es möglich, in kurzer Zeit viel Material zu einem Thema zu sammeln.
Die Regeln sind einfach: Die Gruppe erhält einen großen Papierbogen und einen (!) dicken Filzstift. Die Gruppenleiterin oder der Gruppenleiter schreibt in die Mitte ein Stichwort, hier »Hunger« auf den einen, »Durst« auf den anderen Papierbogen. Die Konfirmandinnen und Konfirmanden werden unter Nennung von Beispielen (Ich bekomme immer Hunger, wenn ich »Pizza« höre; jeden Tag verhungern Menschen, ...) gebeten, alles aufzuschreiben, was ihnen zu diesem Stichwort durch den Kopf geht. Weil aber nur ein Stift vorhanden ist, müssen alle warten, bis die Vorgängerin oder der Vorgänger fertig ist. Das erzeugt eine gewisse Spannung und animiert, nicht nur die eigene Meinung zu notieren, sondern sich dabei auch auf Dinge zu beziehen, die schon auf dem Bogen stehen. So kann ein kleines, schriftliches Gespräch entstehen. Bei dem ganzen Verfahren soll viel geschrieben, aber möglichst nicht gesprochen werden, daher der Name »Schweigediskussion«.
Die Schweigediskussion ist zu Ende, wenn niemand mehr schreiben möchte. Durchschnittliche Dauer etwa 10 Minuten.

2. Vorstellung und Erläuterung der entstandenen Textplakate zu »Hunger« und »Durst«
- Die beschrifteten Diskussionsbögen werden an die Wand gehängt und von den jeweiligen Gruppen vorgelesen und/oder erläutert.
- Anregungen für ein anschließendes Gespräch:
  - Assoziationen ordnen, z.B. eigener Hunger, 3. Welt, Hunger in unserem Land, ...
  - Erlebnisse, Geschichten ... erzählen lassen
  - Wenn nötig, kurz informieren über Armut bei uns, Hunger in der 3. Welt, ...
  - Wenn ich hungrig/durstig bin, dann ...(Runde)
  - Wer hat jetzt Hunger/Durst?
- Weißbrot, Mineralwasser, Becher in die Mitte stellen (Zum Zugreifen ermuntern, Gespräche mit Nachbarn zulassen, wenn alle »satt« sind, Gruppengespräch fortsetzen).

3. Übertragene Wortbedeutungen bewußt machen und anwenden
- »Es gibt auch Hunger und Durst nach Dingen, die man nicht essen kann. Was versteht man z.B. unter ›Lebenshunger‹, ›Liebeshunger‹ ...«
  Einige Meinungen sammeln, ggf. auf entsprechende Äußerungen auf den Textplakaten hinweisen.
- Dann ein nach dem Muster von **M 1** vorbereitetes Plakat anbringen und in einem Unterrichtsgespräch ausfüllen. Auf dem Plakat unten genügend Platz für zwei weitere Zeilen lassen.
- Alternativ **M 1** als Arbeitsbogen verteilen, in Einzel- oder Partnerarbeit ausfüllen lassen und in einem anschließenden Unterrichtsgespräch einige Beispiele herausgreifen. Ergebnisse an der Tafel notieren.

4. Erkenntnisse auf das Abendmahl übertragen
- »Luther hat einmal gesagt: ›Das Abendmahl will einen hungrigen Menschen haben.‹ Ich glaube, daß wir jetzt verstehen können, was er damit gemeint hat ...«
  Spontane Äußerungen aufgreifen, in einem geeigneten Moment auf die freigelassene Stelle des Wandplakats/der Tafel schreiben:

> Ein Mensch, der zum Abendmahl geht, hungert nach ...

16 | Das Abendmahl | Hunger auf Abendmahl

- Äußerungen eintragen. In ruhigen Gruppen die Plakatanschrift gleich nach der Überleitung vornehmen.

5. Eine Comicseite betrachten und ergänzen
- »Denk mal nach ...«, S. 200-201 aufschlagen und gemeinsam lesen.
- M 2 verteilen und die Gruppe auffordern, den angefangenen Satz in dem unteren Bild mit Worten zu vervollständigen, die von dem Wandplakat mit Blick auf das Abendmahl am meisten einleuchten.
- Wenn noch Zeit ist, gemeinsam »Denk mal nach ...«, S. 206 lesen, auf der noch einiges mehr über den Hunger zu erfahren ist, den das Abendmahl stillt. Ggf. weitere Worte oder einen weiteren Satz in das untere Lutherbild auf M 2 eintragen.

BAUSTEIN FÜR EINEN ABENDMAHLSGOTTESDIENST MIT KONFIRMANDINNEN UND KONFIRMANDEN

Das in dieser Stunde zusammengetragene Material wird zu einem kleinen Sprechstück ausgebaut und im Gottesdienst vorgetragen.

Vorschläge:
- Nach Vorlage des Arbeitsbogens M 1 wird ein Gruppenergebnis zusammengestellt. Jede/jeder liest davon eine Zeile. Die letzte Zeile »ein Mensch, der zum Abendmahl geht, hungert nach ...« sprechen alle gemeinsam.
- Alle sprechen gemeinsam jeweils die Zeile »N.N. hungert nach ...«, einzelne die dazu gefundenen Begriffe.
- Aus diesen Begriffen und dem Wort »Hunger« wird eine Einleitung entworfen, z.B. in der Weise, daß das Wort Hunger stereotyp wiederholt wird und andere in diesem Rhythmus Begriffe aus dem Bogen M 1 hineinsprechen. Nach einer kurzen Pause oder einem entsprechenden Lied (Liederblatt M 11) folgt das Sprechstück wie in den beiden ersten Punkten beschrieben.
- Aus den Begriffen »Hunger« und »Durst« wird mit Hilfe der entstandenen Textplakate ein freies Sprechstück entwickelt.

Anregungen dazu gibt O. Trenn, »Lieder kennenlernen und memorieren – eine Ideenbörse«, KU-Praxis 35, S. 11-18.

MIT SENIOREN

Aus den nachstehenden Anregungen für die eigene Situation auswählen.

1. Nach einer kurzen Einleitung zum Thema »Hunger« die Senioren bitten, auf einen Zettel die Jahreszahl zu schreiben, die sie aus ihrem eigenen Leben am stärksten mit dem Thema »Hunger« verbinden.

Zettel einsammeln und die genannten Zahlen in großer Schrift auf ein vorher angebrachtes Wandplakat schreiben Nach Schwerpunkten suchen; aus dem Rahmen fallende Nennungen beachten; die Runde ermuntern, etwas aus diesen Jahren zu erzählen.
Sind die GesprächsteilnehmerInnen miteinander vertraut, kann diese Erzählrunde sehr lange dauern. Vielleicht ist es dann nicht ratsam, die Erinnerungen unter dem Druck des Themas »Abendmahl« zu verkürzen.

2. Geschichte »Denk mal nach ...«, S. 86/87 lesen. Äußerungen abwarten. Wenn das oben angeregte Gespräch nicht zustande kam, evtl hier noch einmal nach eigenen Erlebnissen des Hungers fragen und erzählen lassen.

3. Gesichtspunkte zur Weiterführung des Gesprächs:
- Die Szene am Ende der Geschichte erinnert an das Abendmahl ...
- Mit dem Brotbrechen haben sich die beiden Menschen etwas geschenkt.
- Kann man sagen, daß sie satt geworden sind?
- Welcher »Hunger« ist gestillt worden?
- Luther hat einmal gesagt: »Das Abendmahl will einen hungrigen Menschen haben.« Kann ich das auf dem Hintergrund meiner Lebenserfahrung verstehen? Oder möchte ich widersprechen?
- Denke ich an Worte aus der Bibel, die mir in diesem Zusammenhang wichtig sind?

4. Evtl. Arbeitsergebnisse aus dem Konfirmandenunterricht vorstellen und besprechen. Das kann auch in einer mit Konfirmandinnen und Konfirmanden gemeinsamen Stunde am Nachmittag geschehen. In diesem Rahmen könnte dann auch, wenn es nicht schon im Konfirmandenunterricht vorkam, nach einer entsprechenden Einleitung über Comics die Bildergeschichte »Denk mal nach ...«, S. 200-201 zusammen gelesen und der Satz Luthers »Diese Speise ist ein Trost für die Betrübten ...« mit den an diesem Nachmittag geäußerten Einsichten und Erfahrungen interpretiert werden.

5. Einen Abschnitt aus der unten angegebenen Literatur gemeinsam lesen oder vorlesen (lassen).

Ergänzungen – Alternativen – Hinweise

Literaturhinweise: Wilhelm Raabe, Der Hungerpastor; Wolfgang Borchert, Das Brot; Knut Hamsun, Hunger.

Einen Schatz finden

Einen Schatz finden

Schätze werden gut bewacht oder dort vergraben, wo sie nach menschlichem Ermessen niemand finden kann. Wer möchte seinen Schatz schon verlieren? Schatzsucher gab und gibt es aber, aller listigen Vorsicht zum Trotz. Ihre Geschichten sind zahlreich und werden bis auf diesen Tag weitererzählt. Erfolg hatten zwar nur wenige, und ob sie damit ihr Glück gemacht haben, ist die Frage: Doch die Phantasie bekommt bei diesem Thema Flügel. Einen Schatz zu suchen und ihn vielleicht zu finden, ist nicht nur ein Jungentraum.

Zwar werden auf die Idee, daß auch das Abendmahl ein Schatz ist, nur Theologen wie Luther kommen (»Denk mal nach ...«, S. 201). Doch wer sich auf diesen Gedanken einläßt, wird einen Schatz vor sich sehen, der im Gegensatz zu allen anderen Schätzen auf jeden Fall gefunden werden kann. Er wird weder bewacht, noch versteckt, ja er wird jedem angeboten, der ihn nur haben will, und das immer wieder. Doch noch einmal: Das soll ein Schatz sein? Was sich finden läßt, sieht erst einmal kümmerlich aus: ein Bissen Brot und ein Schluck Wein.

Da muß man offenbar in Brot und Wein weitersuchen. Glücklicherweise haben diejenigen, die diesen »Schatz« schon gefunden haben, in Liedern, Gedichten und Geschichten, nicht zuletzt in gelehrten Texten so etwas wie eine »Schatzkarte« hinterlassen. Wenn man ihr folgt, kann man einiges entdecken, z.B.:

- einen Blick für Gemeinschaft (Text von H. Herrmanns, »Denk mal nach ...«, S. 206);
- den Weg zum Teilen: sein Brot, sein Haus, seine Worte, seine Lieder (Lied: Brich mit den Hungrigen, »Denk mal nach ...«, S. 208);
- Vergebung dessen, »was nicht war, wie es hätte sein sollen« (Das Abendmahl des Eleseus Hylla, »Denk mal nach ...«, S. 213)
- Stärkung für den Weg von dieser Welt in die andere (ebenda).
- Versöhnung, an die man nicht mehr geglaubt hat (Das Brot des Bäckers, »Denk mal nach ...«, S. 214);
- daß man nicht weniger als den ganzen Himmel in sich hat (Das Brot ist der Himmel, »Denk mal nach nach ...«, S. 215);
- oder gar das Leben Christi (Lied: Das Brot in deinen Händen, »Denk mal nach ...«, S. 215).

Ist es wahr, was andere sagen? Da muß man sich wieder und wieder vergewissern. Der Schatz wird sich einem nicht verschließen. Wie könnte er auch, da der Schatz ja Christus selbst ist, der aus keinem anderen Grund in die Welt gekommen ist, um sich finden zu lassen.

MIT KONFIRMANDINNEN UND KONFIRMANDEN

Die Unterrichtsidee ergibt sich aus dem Wort »Schatz«. Einen Schatz muß man natürlich suchen. Nach einer entsprechenden Einstimmung mit einer »Schatzkiste« erhalten die Konfirmandinnen und Konfirmanden einen »Schatzplan«. Dort sind die Stellen in den Gemeinderäumen und der Kirche eingezeichnet, an denen vorher die Spielaufgaben der Schatzsuche versteckt wurden. Es erhöht den Spielcharakter, wenn einige der bezeichneten Stellen »in die Irre führen«. Auf jeden Fall sind die Spielaufgaben zu lösen und die Ergebnisse an der entsprechende Stelle des Schatzplans einzutragen. Sind alle Aufgaben erledigt (der Schatzplan ist dann voll), kommen die Schatzsucher zurück in den Unterrichtsraum zur Auswertung. Dabei kann jetzt, als sichtbares Zeichen des gefundenen Schatzes, Brot und Saft in der Mitte des Stuhlkreises stehen. Es liegt nahe, nach der Auswertungsrunde den »gefundenen Schatz« zu gebrauchen und das Abendmahl in schlichter Form mit den Jugendlichen zu feiern.

Die Schatzsuche wird auf den folgenden Seiten beschrieben und vorbereitet. Dennoch muß die Idee auf die eigenen Räumlichkeiten zugeschnitten, und das heißt eben auch, abgewandelt werden. Nicht alles geht überall. Die Liste auf S. 18 dient zur Anregung und Auswahl. Für die dort genannten Arbeitsanweisungen bietet **M 3** eine Kopiervorlage. **M 6** liefert die Grundlage für den Entwurf eines eigenen »Schatzplans«.

■ **Überblick über die Arbeitsschritte**
1. »Schatzkiste« betrachten
2. »Schatzsuche« (Partnerarbeit)
3. Auswertungsrunde
4. Abschluß in der Kirche

Absicht

Die Konfirmanden sollen ihr Verständnis für das Abendmahl vertiefen, indem sie in Geschichten und Liedern den »Schatz« entdecken, den Menschen im Abendmahl gesucht und gefunden haben.

Vorbereitungen

- Die in nachstehender Tabelle genannten Texte auf DIN A3 Format kopieren und die evtl. dazu genannten Vorbereitungen erledigen. Die Arbeitsanweisungen dazuschreiben (oder von der Vorlage **M 3** kopieren). Texte und Anweisungen am vorgeschlagenen Ort bzw. an einer anderen geeigneten Stelle der Kirche und des Pfarr- oder Gemeindehauses anbringen.
- Sind die in der Tabelle genannten Texte / Materialien schon aus vorhergehenden Stunden bekannt (»Eine geheimnisvolle Mahlzeit« S. 9-13), ggf. die Arbeitsanweisungen für Konfirmandinnen und Konfirmanden entsprechend modifizieren (z.B. »Das kennt ihr schon. Achtet jetzt aber einmal darauf, ...«).

▼

18 | Das Abendmahl | Einen Schatz finden

TEXTE / MATERIAL / VORBEREITUNGEN	ARBEITSANWEISUNGEN FÜR KONFIRMANDINNEN UND KONFIRMANDEN	VORGESCHLAGENER ORT
Hierbei handelt es sich um die Abschnitte aus dem Unterrichtsbuch, die vom Unterrichtenden vorzubereiten und von den Konfirmandinnen und Konfirmanden zu finden und zu bearbeiten sind.	*Das sind die Texte, die die geforderten Tätigkeiten bei der Schatzsuche beschreiben. Sie sind zusammen mit dem zu bearbeitenden Text / Material an einem geeigneten Ort anzubringen. Eine Kopiervorlage für diese Arbeitsanweisungen bietet* **M 3**	*Das sind Vorschläge für die Stellen, an denen die Schatzsucher fündig werden können. Hier sind je nach den örtlichen Gegebenheiten entsprechende Änderungen vorzunehmen*
Der Text: »Da steht ein Kelch ...« S. 206. ist in das Bild eines Kelches hineingeschrieben worden (**M 4**). Dieser Kelch muß wie ein Puzzle auseinandergeschnitten, in ein Kuvert getan und am angegebenen Ort versteckt werden.	Hier in der Nähe ist ein Puzzle versteckt. Das müßt ihr suchen und zusammensetzen. Ihr könnt dann folgende Frage auf eurem Schatzplan beantworten: »Was erfahren die Menschen, wenn sie alle aus einem Kelch trinken?« Tut zum Schluß das Puzzle wieder in das Kuvert und versteckt es, wenn die anderen euch nicht beobachten.	**Am Altar oder im Altarraum.** Das Kuvert ließe sich z.B. unter der Altardecke, unter einem Leuchter, unter der Bibel usw. verstecken.
Das Lied **»Brich mit den Hungrigen dein Brot«** S. 208 vergrößern, damit es mehrere gleichzeitig lesen können, und am ausgesuchten Ort anbringen.	Auch wenn ihr das Lied kennt: Lest es ruhig noch einmal. Eure Aufgabe: Tut etwas, wovon dieses Lied singt. Ihr könntet z.B. jeder etwas von eurem Taschengeld in die »Brot für die Welt«-Büchse tun oder den Kindergottesdienstkindern dieses Lied beibringen. N.N. wird euch dabei helfen. Überlegt, womit ihr anderen eine Freude machen könnt. Schreibt das auf den Schatzplan und berichtet nachher darüber.	**Die Opferbüchse in der Kirche.** Sie müßte für diesen Nachmittag zur Sammelbüchse für »Brot für die Welt« (oder ein entsprechendes Gemeindeprojekt) und mit einem entsprechenden Schild versehen werden.
Die Geschichte **»Das Abendmahl des Elezeus Hylla«** S. 210-213 mehrmals kopieren und an einem gemütlichen Ort auslegen. Evtl. zur Betonung der »Leseatmosphäre« Tee bereitstellen. Nebenstehenden Text entweder als letzte Seite an die Geschichte heften oder mit einem Wandplakat im Raum sichtbar machen.	Was könnte Elezeus Hylla auf die Frage antworten, was er mit dem Abendmahl bekommen hat? Schreibt auf, was euch einfällt, und tragt es an der entsprechenden Stelle auf dem Schatzplan ein.	**Eine nette »Sitzecke« ...** im Gemeindehaus, im »Clubraum«, am Tisch in der Gemeindebücherei, auf einer Bank im Freien, im Sprechzimmer des Pfarrers .... Zur Verdeutlichung ein Schild anbringen: Leseecke Das Abendmahl des Elezeus Hylla.
Die Geschichte **»Das Brot des Bäckers«** S. 214 auf die Vorderseite eines A3-Bogens kopieren, nebenstehende Aufgabe auf die Rückseite. Mit diesem Bogen ein Brot so einwickeln, daß die Geschichte außen und die Aufgabe innen ist.	Das ist das Brot des Bäckers. Es ist zum Essen da. Wenn du satt bist, lies die Geschichte auf der anderen Seite und beantworte folgende Fragen: Was hat der Vater, der Sohn, der Bäcker, mit dem Brot bekommen, bzw. gegeben? Schreibt zusammen eure Meinung auf die entsprechende Stelle des Schatzplans.	**Küche im Gemeinde- oder im Pfarrhaus.** Plakat an der Tür: Ihr wollt euch stärken? Tretet ein und eßt. Ihr werdet dabei eine Aufgabe finden, die es zu lösen gilt.
Das Gedicht **»Das Brot ist der Himmel«** S. 215, Kopiervorlage **M 5** und nebenstehende Aufgabe für die Konfirmandinnen und Konfirmanden kopieren und an entsprechendem Ort anbringen.	Dieses Gedicht kennt ihr vielleicht schon. Das ist gut, denn jetzt wird es schwierig. Sucht euch 4 Worte aus dem Gedicht aus und bildet mit jedem dieser Worte einen kleinen Satz oder einen Satzteil. Dann habt ihr ein vierzeiliges Gedicht. In einer Zeile soll aber außerdem das Wort »Brot« vorkommen. Schreibt euer Gedicht auf den Schatzplan. Alternativ: Ein »Elfchen« oder ein »Haiku« schreiben (s. S. 13).	**Die Sakristei** Gedicht und Aufgabenstellung dort anbringen, wo Abendmahlsgeräte und Oblaten aufbewahrt werden. Oder ein Brot auf einen schönen Teller legen, Gedicht und Aufgabe daneben. Das Brot könnte dann bei einer anschließenden Abendmahlsfeier verwendet werden. Zettel bereitlegen.
Das Lied **»Das Brot aus deinen Händen«** S. 215 kopieren und mit der nebenstehenden Aufgabe an dem vorgeschlagenen (oder einem anderen Ort) auslegen.	Das Lied erzählt, was ihr beim Abendmahl geschenkt bekommt. Schreibt in einem Satz auf euren Schatzplan, was euch davon am besten gefällt. Das geht sicher schnell. Ihr habt daher noch Zeit, diesen Satz in einer Geste oder stummen Spielszene auszudrücken. Ihr werdet das später vorführen. Die anderen müssen raten, was ihr meint. Sucht euch irgendwo einen Platz, wo ihr kurz proben könnt.	**Irgendwo in den Bankreihen ...** vielleicht da, wo die Konfirmandinnen und Konfirmanden meistens sitzen. Zu überlegen wäre aber auch ein Kreuz, die Kniekissen oder ein anderer Ort in der Kirche, der Vergebung, Wunder, Leben, Freiheit (Liedtext) in oder vor der Kirche vergegenwärtigt.

- Der Schatzplan **M 6** ist so allgemein gehalten, daß er mit wenig Aufwand abgeändert werden kann. Einfachste Methode: Passende Elemente ausschneiden und so anordnen, wie es den eigenen Räumlichkeiten entspricht, evtl. charakteristische Merkmale eintragen. Fehlende Teile mit anderen Kopien oder »von Hand« ergänzen. Ein Schatzplan darf ruhig »geflickt«, undeutlich und rätselhaft erscheinen. Kopierte und auf DIN A3 vergrößerte Schatzpläne rollen und mit einem schönen Band zusammenbinden.

Material

- Eine alte Truhe oder geheimnisvoll aussehende Kiste, die die Assoziation »Schatzkiste« nahelegt. Ein verwitterter Koffer tut es auch.
- Die Abendmahlsgeräte der Gemeinde.
- Ein Tischtuch.
- Bleistifte und Zettel.
- Wenn im Anschluß das Abendmahl gefeiert werden soll, zusätzlich Brot und Saft.
- M 3 – M 6.

Zeit

90 Minuten (ohne anschließende Abendmahlsfeier)

Verlauf

1. Eine Schatzkiste betrachten

Die Konfirmanden versammeln sich im Stuhlkreis. In der Mitte steht von Anfang an die geschlossene »Schatzkiste« mit den zusammengerollten Schatzplänen. Die Runde wird aufgefordert, Vermutungen über den Inhalt der Kiste zu äußern. An geeigneter Stelle gibt der Unterrichtende bekannt, daß diese Kiste einen Schatz enthält. Weitere Assoziationen werden genannt; Gespräch über Schätze.
Eine Variation dieses Anfangs wird unter »Ergänzungen – Alternativen – Hinweise« beschrieben (S. 21).

2. Schatzsuche/Eine Partnerarbeit

Die Schatzkiste wird geöffnet. Vermutungen über die Papierrollen äußern lassen. Schließlich wird ein Schatzplan entrollt, das Vorhaben »Schatzsuche« erläutert und der Zeitraum genannt, der dafür zur Verfügung steht. Konfirmandinnen und Konfirmanden wählen sich einen Partner/eine Partnerin, bekommen einen Schatzplan, Zettel und Bleistift und beginnen an einem von ihnen selbst gewählten Ort mit der Schatzsuche.

3. Eine Auswertungsrunde

Im Unterrichtsraum wird inzwischen in der Mitte des Stuhlkreises ein Tisch gedeckt oder ein Tischtuch auf dem Boden ausgebreitet. Darauf stehen der Abendmahlskelch und die Patene. Soll das Abendmahl anschließend gefeiert werden, ist der Kelch mit Saft gefüllt und die Patene mit frischem Brot.

- Ein Abendmahlslied singen, das die Konfirmanden bei der »Schatzsuche« schon kennengelernt haben.
- Die Ergebnisse der Schatzsuche von den Schatzplänen vorlesen lassen. Fragen zur Diskussion stellen, evtl. einige Äußerungen an der Tafel oder auf einem Wandplakat festhalten.
    - Gibt es etwas, daß ihr nicht verstanden habt?
    - Hat euch etwas überrascht?
    - Bei welchen Stellen möchtet ihr sagen: Das stimmt so nicht?
    - Was denkt ihr jetzt über Luthers Satz, daß das Abendmahl ein Schatz ist?
    - Warum sind die Abendmahlsgeräte oft kostbar? Patene und Kelch dazu herumgeben.
    - Wir haben aus dem Schatz viele Stücke kennengelernt. Welches gefällt euch am besten? Auf die Rückseite der Schatzpläne schreiben.

4. Ein Abschluß in der Kirche

- Mit den Schatzplänen in die Kirche gehen und sich im Kreis um den Altar stellen.
- Einsetzungsworte vorlesen.
- Runde: »Im Abendmahl haben wir einen Schatz.« Jeder liest vor, was er am Ende der Auswertung auf die Rückseite des Schatzplanes geschrieben hat.
- Ein Abendmahlslied singen.
- Abendmahl feiern, wenn die Zeit es zuläßt.

Die Vorbereitung dieser Stunde kostet 2-3 Stunden Zeit. Das ist weitaus mehr, als die meisten Unterrichtenden normalerweise aufbringen können.
In allen Erprobungen waren die Konfirmandinnen und Konfirmanden aber mit viel Eifer bei der Sache. Sie haben gespannt über den möglichen Inhalt der Truhe nachgedacht. Zur eigentlichen Schatzsuche mußte nicht lange aufgefordert werden, nachdem die Truhe aufgeklappt war.
Vielleicht lockt die folgende Dokumentation[1] der Ergebnisse. Sie bietet »Stoff« nicht nur für ein anregendes Gespräch, sondern auch für die Gestaltung der ersten Teilnahme der Konfirmanden am Abendmahl und darüber hinaus auch für eine Predigt im Sonntagsgottesdienst.

→ *Was erfahren die Menschen, wenn sie alle aus einem Kelch trinken?*

- Man bekommt die Verbindung mit Gott und die Verbindung untereinander geschenkt.
- Der Kelch schafft Zusammengehörigkeit und Gemeinschaft unter uns.
- Die Menschen erfahren, daß sie vor Gott alle gleich sind.
- Die Menschen erfahren, daß sie nicht allein auf dieser Welt sind. Alle, die aus dem Kelch trinken, bilden eine große Gemeinschaft, egal, welche Hautfarbe sie haben oder wie alt oder wie reich sie sind.

---

1 Zusammengestellt aus mehreren Erprobungen mit Berliner Konfirmandinnen und Konfirmanden 1992-93.

▼ → *Was könnte Elezeus Hylla auf die Frage antworten, was er mit dem Abendmahl bekommen hat?*
Eleseus Hylla bekommt ...
- Stärkung im Glauben nach Vergebung.
- Ruhe vor dem Tod.
- Frieden.
- Ruhe vor seinem schlechten Gewissen.
- Gewißheit, bei Jesus zu sein.

→ *Fragt den Vater, den Sohn, den Bäcker, was sie mit dem Brot bekommen bzw. gegeben haben.*
- Ihnen wurde Versöhnung gegeben.
- Der Vater hat mit dem Stück Brot eine Lehre bekommen.
- Der Vater wurde bekehrt.
- Der Sohn hat die Gewißheit, keine Angst mehr vor dem Vater haben zu müssen.
- Der Bäcker hat mit dem Brot Frieden gestiftet: »Mir war klar, daß ich irgendwie den Streit schlichten mußte. Das Brot stellte dabei das Medium dar. Es hat uns verbunden und wir merkten, daß wir alle gleich sind, alle das gleiche essen und keiner Wut auf einen anderen zu haben braucht.«

→ *Beim Abendmahl bekomme ich geschenkt ...*
- Ich bekomme Hoffnung.
- Ich bekomme »Wunder« und Gesundheit.
- Ich bekomme Freiheit und darf sie mit dem Nächsten teilen.
- Ich denke an Gott und meine Sünden werden mir vergeben.

→ *Was ist der Schatz?*
- Daß man etwas bekommt etwas, woran einem viel liegt.
- Der Schatz ist, daß man den Himmel teilt.
- Es entsteht Zufriedenheit, wenn man ißt und teilt.
- Das Brot ist ein Schatz, den man mit anderen teilen kann.
- Die Verbindung untereinander.
- Die Gemeinschaft mit Jesus.

BAUSTEINE FÜR EINEN ABENDMAHLSGOTTESDIENST MIT KONFIRMANDINNEN UND KONFIRMANDEN

- Ein Brot und einen Kelch auf einen großen Bogen Packpapier (2-3 Bahnen zusammenkleben) malen, mit den Ergebnissen der Schatzsuche beschriften und in der Kirche für alle sichtbar anbringen. Die Einsichten der Konfirmandinnen und Konfirmanden mit einer Predigt für die ganze Gemeinde unterstreichen
- Die Ergebnisse der Schatzsuche zu einer »Abendmahlsbesinnung« weiterentwickeln (vergl. Agende für die Evangelische Kirche der Union, Band 1, S. 134-136), als einen Text, der vor der Mahlfeier (von Konfirmandinnen und Konfirmanden) verlesen wird und die Gemeinde an den »Schatz« erinnert, der ihr frei angeboten wird.
- Die Ergebnisse der Schatzsuche mit Konfirmandinnen und Konfirmanden sichten und zu einem »neuen« Abendmahlsgebet zusammenstellen.

MIT ERWACHSENEN

Vielleicht kann das neue Evangelische Gesangbuch der Anlaß sein, sich zum Thema Abendmahl auf eine »Schatzsuche im Gesangbuch« einzulassen.

Schatzsuche im Gesangbuch
Liste geeigneter Lieder
aus dem neuen Evangelischen Gesangbuch
213 Kommt her, ihr seid geladen
215 Jesus Christus, unser Heiland
218 Schmücke dich, o liebe Seele
222 Im Frieden dein
223 Das Wort geht von dem Vater aus
224 Du hast zu deinem Abendmahl
226 Seht das Brot, das wir hier teilen
320 Nun laßt uns Gott dem Herren

- Jeder Teilnehmende erhält die Kopie eines Abendmahlsliedes mit der Bitte, den Liedtext unter dem Aspekt »Das Abendmahl ist ein Schatz für alle Armen« zu lesen und dann in einem zweiten Durchgang die Worte zu unterstreichen, die den »Abendmahlsschatz« beschreiben und ausmalen. Schwer verständliche Passagen können erst einmal mit einem Fragezeichen gekennzeichnet werden. Bei größeren Gruppen bietet sich Partnerarbeit an (10 Minuten).
- Anschließend wählen sich die Teilnehmenden einen Gesprächspartner oder eine Gesprächspartnerin. Die Lieder werden gegenseitig vorgestellt, Einsichten zum »Schatz« mitgeteilt, Gemeinsamkeiten und Unterschiede festgestellt, evtl. die mit Fragezeichen versehenen Stellen erforscht. Zum Schluß beraten die Partner darüber, welche Erkenntnisse aus ihren Liedern sie als sozusagen »gehobenen Schatz« in die Gesamtrunde einbringen wollen (15 Minuten).
Evtl. die genannten Gesprächspunkte für alle sichtbar aufschreiben.
- Im Plenum werden nacheinander die in Blick geratenen Schätze aus den Liedern genannt. Wer gerne singt, wird zu Beginn und zwischendurch immer mal wieder einen Liedvers singen wollen. Zum Überblick notiert die Gesprächsleitung jeweils für alle sichtbar einige wichtige Stichpunkte.[2]

---

[2] Wer einen Tageslichtschreiber hat und die durch ihn verbreitete Arbeitsatmosphäre nicht scheut, kann mit weniger Aufwand die Einbringung der Teilnehmer festhalten.

- Anregungen für ein auswertendes Gespräch:
  - Neu war für mich ...
  - Ungewohnte Worte im Zusammenhang mit dem Abendmahl ...
  - Die 3 Worte, die für mich die Gabe des Abendmahls am schönsten beschreiben ...
  - Lassen sich biblische Bezüge entdecken?
  - Unklar geblieben ist noch ...
  - Ergebnisse aus der Konfirmandenschatzsuche einbringen ...

VORSCHLAG FÜR EINE SEMINARREIHE ZUM THEMA ABENDMAHL

1. Eine Mahlzeit feiern, bei der Brot und Wein im Mittelpunkt stehen. Dabei Anregungen aus dem Unterrichtsvorschlag »Eine geheimnisvolle Mahlzeit« (S. 9-13) situationsgemäß verwenden.
2. Eine Bibelarbeit über die Einsetzungsworte. Vielleicht kann die »Grundinformation über die Einsetzung des Abendmahls für ehrenamtliche Mitarbeiterinnen und Mitarbeiter« (S. 9-10) in diesem Rahmen verwendet werden.
3. Gesprächsabend zu dem Bild Volker Stelzmanns »Gastmahl in Emmaus« (S. 22-24).
4. Schatzsuche im Gesangbuch, wie oben beschrieben.
5. Besuch (oder auch Vorbereitung) eines Abendmahlsgottesdienstes, in dessen Verlauf noch einmal Ergebnisse und Fragen aus der Seminarreihe zu Wort kommen.

Ergänzungen – Alternativen – Hinweise

Eine Variation des Anfangs für diejenigen, die von dem Schatz gleich zu Beginn der Doppelstunde etwas sichtbar machen wollen.
- Statt der Schatzplänen die Abendmahlsgeräte in die Schatzkiste tun und mit einem schönen Tuch geheimnisvoll zudecken.
- Mutmaßungen über die Schatzkiste wie oben beschrieben. Dann wird die Kiste geöffnet. Der Schatz ist mit einem großen Tuch noch zugedeckt. Weitere Vermutungen. Einige Konfirmanden befühlen zunächst die Patene. Was kann das sein? Wie fühlt sich »der Teller« an? Wie mag er aussehen? Gehören Teller in einen Schatz? Wenn der Schatz noch nicht erraten ist, wird der Kelch befühlt und das Ganze schließlich aufgedeckt.
- Kurzes Gespräch: Ist das ein Schatz? Wer darf diesen Schatz benutzten? Wie geschieht das (Hergang der Abendmahlsfeier erzählen lassen)? Der Schatz ist größer als Geräte aus Gold und Silber ... Wenn wir Gottesdienstbesucher zu diesem Schatz jetzt fragen könnten ...

- Der Unterrichtende bittet dann die Konfirmanden, über den Schatz im Rahmen einer »Schatzsuche« mehr in Erfahrung zu bringen, und teilt die Schatzpläne aus. Weiter wie oben beschrieben.
  Das ist insofern kein ganz »logischer« Einstieg, als der Schatz in der Kiste schon präsent ist, also strenggenommen nicht mehr gesucht werden muß. Von den Konfirmandinnen und Konfirmanden wurde das aber bei den Erprobungen nicht so empfunden. Auf ausdrückliche Nachfrage im Anschluß an die Schatzsuche tauchte immer wieder der Gedanke auf, daß auch die schönsten Geräte erst noch gefüllt und gebraucht werden müssen. Unterrichtlich hat dieser Anfang in der Erprobung große Spannung erzeugt und zu einem intensiven Gedankenaustausch geführt.

- Das Textmaterial der Schatzsuche beschränkt sich auf das Angebot des Buches »Denk mal nach ...«. Es kann ohne Mühe ausgetauscht und/oder ergänzt werden durch Bilder und andere Stücke, die sich in der eigenen Unterrichtspraxis bewährt haben.

- Für diejenigen, die für eine *Konfirmandenfreizeit* ein themenbezogenes Angebot neben den eigentlichen Unterricht suchen: Brotteller und Becher für eine Konfirmandenabendmahlsfeier herstellen:
  - Als Ausgangsmaterial für den Brotteller kann eine Holzscheibe dienen, die man sich vorher aus einem Baumstamm hat zurechtschneiden lassen. Diese Scheibe kann geschmirgelt, verziert (Schnitzen oder Einbrennen von Worten oder Symbolen aus der Ergebnissammlung) mit Bienenwachs imprägniert und schließlich poliert werden.
  - Wenn im Freizeitheim oder Gemeindehaus (oder...) ein Brennofen zur Verfügung steht: Becher (und Kanne) aus Ton formen und anschließend glasieren. Wer den Aufwand scheut, kann gekaufte Becher bemalen lassen.

- Das erarbeitete Material kann sich besonders dazu eignen, einen *Vorstellungsgottesdienst* zu gestalten. Vorschlag: Einen Kelch und ein Brot auf einen großen Bogen Packpapier (2-3 Bahnen zusammenkleben) malen, mit den Ergebnissen der Schatzsuche beschriften und in der Kirche (z.B. im Altarraum) aufhängen. Konfirmandinnen und Konfirmanden das Plakat erläutern lassen, anschließend das Abendmahl feiern.

»... ist er lebendig unter uns«

»... ist er lebendig unter uns«

Volker Stelzmann, Gastmahl in Emmaus, 1983/84

Wo zwei oder drei in meinem Namen versammelt sind, da bin ich mitten unter ihnen (Mt 18,20). In dieser Zuversicht beginnt jeder Gottesdienst, diese Verheißung trägt alles gemeinsame Tun und Leben von Christen. An Jesu Tisch sind wir seine Gäste und wissen uns von ihm bewirtet.

Dennoch: Ob wir tatsächlich erkennen, wie er lebendig unter uns tritt? Selbst seine Jünger haben ihn nicht gesehen, obwohl er leibhaftig vor ihnen stand. Er mußte ihnen erst die Augen öffnen: beim Brotbrechen (Lk 24,31) oder beim Fischen am See Tiberias (Joh 21,6f.), mit Geduld, wie bei Thomas (Joh 20,27f.), nach drei Tagen, wie bei Paulus (Apg 9,1-19). Seitdem ist die Welt aber voller Geschichten, daß Jesus unter uns lebendig ist, wir ihn aber eben gerade nicht erkennen.

Sind die Sehenden blind? Was fesselt unseren Blick? Was lähmt unseren Geist? Wer hilft uns auf? Wer hebt unseren Blick?

ZUM BILD »GASTMAHL IN EMMAUS«

☞ **Ein dunkler Raum. Drei Männer sitzen an einem Tisch,** der offenbar größer ist als das Bild. Die Kleidung läßt vermuten, daß die drei Männer gerade von der Arbeit oder von der Straße kommen. Jacke und Mantel wirken abgestoßen, Hemd und Unterhemd verschwitzt. Es riecht nach Arbeit, Schweiß, Staub und Schmieröl. Wer sitzt so zu Tisch, barfuß, im Arbeitsdreß oder in Hut und Mantel? Wer sitzt so zu Tisch, daß er sich vom Tisch fast abwendet? Wer packt das Messer so mit der Faust, als könne er nicht abwarten?

Auf Äußerlichkeiten scheint es nicht anzukommen. Oder doch? Der Tisch ist blütenweiß gedeckt. Ein Teller steht in der Mitte des Tisches und des ganzes Bildes. Darüber wird ruhig und fast feierlich das Brot gebrochen.

Die drei Männer schweigen. Sie sind nicht mehr jung, haben die Augen geschlossen oder gesenkt. Alle wirken müde und abgekämpft. Es ist Abend und dunkel geworden.

Doch auf dem Tisch ist es hell. Der Teller leuchtet – aber er ist leer. Licht ist auch das Gesicht des Mannes, der hinter dem Tisch sitzt und das Brot bricht. Ein Schein fällt auf die Tischgenossen. Die aber haben das noch nicht bemerkt.

Der Titel des Bildes, Gastmahl in Emmaus, deutet die Szene (Lk 24, 13-35). Ein langer Weg ist zu Ende. Die Straße hat müde gemacht – mehr aber noch das Leben. Im Gespräch mit dem Dritten, dem Fremden, ist es wieder kaleidoskopartig vorübergezogen: Die Tage, als sich alles zum Guten, zum Besten zu ändern schien. Als Jesus, der Zimmermann aus Nazareth, das Reich Gottes vor ihnen entstehen ließ. Da schienen jedem Flügel zu wachsen. Lange her.

Und Jesus von Nazareth? Tot. Alles ist schwer geworden. Dem Linken ist es ins Gesicht geschrieben. Es ist Abend geworden, Arbeits- und Lebensabend. Hände lasten auf den Knien, Augenlider fallen zu, Rücken werden müde. Hunger? Schon lange nicht mehr. Schlafen – ja und wünschen, daß Erinnerungen nicht mehr quälen. Der Rechte starrt gebannt aufs Brot. Was nestelt der Fremde so umständlich damit herum? Wir wollen, ich will doch endlich essen. Die Wünsche sind klein geworden. Der in der Mitte, Jesus selbst, ernst, hager, in sich gekehrt, unerkannt. Eben auf der anderen Seite des Tisches und des Lebens.

Noch einmal: Wirklich hell ist nur der Tisch und der eine Teller in der Mitte. Aber der ist leer. Wird es hell im Raum, im Gesicht, im Leben, wenn das gebrochene Brot auf diesem Teller angeboten wird?

Die Geschichte der Emmausjünger ist bekannt, das Bild bleibt fremd. Nicht, weil die Szene irgendwo gegenwärtig spielt, sondern weil sie am Tiefpunkt seltsam erstarrt. Die Geschichte aber lebt vom Erkennen.

Dennoch drei Dinge:

Es liest sich sehr glatt bei Lukas von der Geburtsstunde des Glaubens im »Erkennen« und in der »Freude« der Jünger. Aber der eigene Glaube? Ein langer und steiniger Weg, sicher länger als von Jerusalem nach Emmaus. Er kommt nicht von selbst mit Gottesdienst und Bibel und Brot und Beten. Und sollte uns auch der Auferstandene selbst das Brot brechen, wer sagt, daß wir es erkennen, glauben werden?

Erinnerung kann fesseln. Es bereitet keine Mühe, sich Handschellen an den Handgelenken des linken Mannes vorzustellen. Die Augen gehen in die Leere – oder auf den leeren Teller. Sie sehen, wenn überhaupt, nur das Brot. Sie sehen, gefesselt, nicht den, der das Brot bricht als Zeichen seiner selbst, seines Todes und seines Lebens. So werden sie nur das Brot essen, nicht die Gegenwart des Herrn schmecken und sehen. Oder es geschieht ein Wunder ... Vielleicht liegt da die Stärke des Bildes, daß es uns die Größe des Wunders gerade durch seine Andeutungslosigkeit vor Augen führt.

Auf manchen Grabsteinen steht: »Auf Wiedersehen!« Geschichte und Bild sagen demgegenüber die Wahrheit. Niemand geht durch den Tod und bleibt, wie er war. Der Auferstandene wird nie erkannt, selbst in der Bibel nicht. Er muß sich jedesmal »kenntlich« machen. So werden auch wir hoffentlich »neu« werden und, neugeworden, nicht die alten, aber die »neuen Menschen« sehen, vor allem den, der uns hier wie dort das Brot bricht.

Volker Stelzmann wurde 1940 in Dresden geboren. Er machte eine Feinmechanikerlehre von 1957-60 und arbeitete anschließend drei Jahre in diesem Beruf. Auf dem zweiten Bildungsweg, wie es in »westlichem Deutsch« heißt, studierte er 1963-68 an der Abendakademie der Hochschule für Grafik und Buchkunst in Leipzig (HfGuB). Anschließend freischaffend in Leipzig tätig, absolvierte er 1973-74 eine Aspirantur und übernahm von 1975-86 eine Lehrtätigkeit an der HfGuB. 1979 wurde er dort zum Dozenten und Abteilungsleiter für das Grundstudium der Maler/Grafiker ernannt, 1982 zum Professor. Sein Werk war auf zahlreichen Ausstellungen zu sehen, auch im sogenannten »westlichen Ausland«. Stelzmann wurde mit verschiedenen Preisen ausgezeichnet, 1983 mit dem Nationalpreis der DDR. Seit 1986 in Berlin-West, übernahm er – nach einer Gastprofessur 1987-88 an der Städelschule in Frankfurt am Main – 1988 eine Professur an der Hochschule für bildende Künste in Berlin. Er lebt und arbeitet in Berlin.

ZUR VERWENDUNG DES BILDES

Das Stelzmannbild wird sich in seiner Tiefe vielleicht erst erschließen, wenn man aus Erfahrung weiß, daß sich längst nicht alle Träume und Lebenspläne erfüllen, und begonnen hat, bescheiden zu werden. Es scheint daher für die Arbeit mit Erwachsenen eher geeignet als für die mit Jugendlichen. Ein Vorschlag dazu steht deshalb an erster Stelle.

Für Konfirmandinnen und Konfirmanden soll das Bild vor allem Anlaß geben, die Emmausgeschichte näher zu betrachten. Der Entwurf für eine Unterrichtsstunde stellt daher die Arbeit an der Geschichte in den Mittelpunkt. Das Bild Stelzmanns wird erst im Laufe der Auswertung ergänzend herangezogen.

EIN GESPRÄCHSABEND MIT ERWACHSENEN

Mit dem Bild »Gastmahl in Emmaus« kann über Niedergeschlagenheit, Erschöpfung, Hoffnungslosigkeit nachgedacht werden. Es kann gefragt werden, wer oder was weiterhilft oder eben auch nicht. Es kann erzählt werden, auf welchen Trost und welche Hilfe selbst einmal gewartet wurde und ob man sie bekommen hat oder nicht.

Material
- M 7 »Gastmahl in Emmaus« (Poster)
- Evtl. Karteikarten und Bleistifte

Vorbereitung
- Das Bild für sich selbst 3 Minuten still betrachten. Die vorgelegte Bildbetrachtung lesen, Zustimmung, Widerspruch und weitere Gedanken notieren.
- Die Gruppe bedenken. Das Bild animiert zu einem sehr persönlichen Gedankenaustausch. Was kann und will ich der Gruppe zumuten? Wo will ich lieber vorsichtig sein? Wie will ich mich in einer Gesprächssituation verhalten, die die Gruppe sehr belastet?
- Eine Gesprächsstruktur klären. Dazu aus den untenstehenden Anregungen auswählen, ggf. auch Ergänzungen vornehmen.

Verlauf

Eine Sitzordnung wählen, in der alle das Poster gut sehen können. Nach einer Eröffnung, die die aktuelle Situation mitbedenkt und den Teilnehmerkreis auf Verfahren und Thema einstimmt, das Poster an der Wand anbringen. Alle das Bild 1-2 Minuten ruhig betrachten lassen.

Gesprächsanregungen zur Auswahl:
- **Das Bild wahrnehmen**
- Auf spontane Äußerungen warten.
- ▼ Das Bild beschreiben lassen, dabei darauf achten, daß

24 | Das Abendmahl | »... ist er lebendig unter uns«

▼ die Gruppe auf der Ebene des Wahrnehmens bleibt und nicht zu schnell mit möglichen Deutungen weiteres Betrachten stört.
- Wo könnte diese Szene spielen?
- Die Männer sehen müde aus ...
- Wenn sie von dem Tag, der jetzt zu Ende gegangen ist, (oder aus ihrem Leben) erzählen könnten ...
- Welchen Wunsch haben die Männer jetzt vielleicht?
- Versuchen, die Stimmung des Bildes zu beschreiben ...

■ **Beziehungen zum eigenen Leben finden**
- Eine Situation aus meinem Leben, die zu der Stimmung auf dem Bild paßt ...
- Wie sich diese Situation weiterentwickelt hat.
- Am wichtigsten war dabei für mich ...
- Biblische (oder andere) Geschichten oder Worte, die für mich dabei (oder im nachhinein) eine Bedeutung gewonnen haben.

■ **Den Bibeltext wahrnehmen**
- Lk 24,13-35 gemeinsam lesen.
- Schwerpunkt(e) der Geschichte / Schwerpunkt(e) des Bildes.
- Was läßt dieses Bild vom Leben der Jünger nach der Kreuzigung ahnen?

■ **Das Bild weiterdenken**
- Anhaltspunkte auf dem Bild suchen, daß die Geschichte unerwartet weitergeht.
- Wenn Jesus jetzt, wie Lukas erzählt, verschwände ...
- Was werden diese Männer den anderen Jüngern in Jerusalem sagen? Einen Satz auf eine Karteikarte schreiben lassen, einsammeln, mischen, austeilen und vorlesen lassen; evtl. noch einmal mit entsprechender Betonung, Lautstärke und Emotion. (»Stellen sie sich vor, sie stünden nach allem jetzt tatsächlich vor den Jüngern in Jerusalem ...«)
- Wie die Jünger wohl reagiert hätten, wenn es so gewesen wäre, wie wir eben gespielt haben?
- Es gibt mehrere Wunder in dieser Geschichte ... (Begegnung mit dem Auferstandenen, »Erkennen«, Herausreißen aus der Niedergeschlagenheit, ...).
- Warum das Bild mit dem »Wunder« so sparsam umgeht.

■ **Noch einmal das eigene Leben bedenken**
- Jesus wird offenbar nicht erkannt.
- Das wird auch sonst in der Bibel erzählt.
- In der Abendmahlsliturgie heißt es, daß Christus jetzt unter uns ist. Kann ich das erkennen? Woran? Was macht mir das Erkennen schwer?
- Was kann ich zum »Erkennen« tun? Was muß Christus tun?

MIT KONFIRMANDINNEN UND KONFIRMANDEN

■ **Überblick über die Arbeitsschritte**
1. Einstimmung und Einleitung
2. Vier kurze Lese- und Spielrunden zur Emmausgeschichte
3. Sich mit Figuren ein Bild von der Geschichte machen
4. Ein Vergleich mit dem Bild »Gastmahl in Emmaus«

Absicht
Konfirmandinnen und Konfirmanden sollen die Emmausgeschichte LK 24,13-35 kennenlernen. Sie sollen sich mit den verschiedenen Reaktionen auf die Gegenwart des Auferstandenen auseinandersetzen. In diesem Zusammenhang soll der Glaube zur Sprache kommen, daß Christus in der Feier des Abendmahls unter uns ist.

Material
- Bibeln oder Bibeltext Lk 24,13-35
- Spielkarten **M 8**
- Figurenbogen **M 9**
- Lied: Kann denn das Brot, Denk mal nach ..., S. 206
- Scheren, Klebstoff, Bleistifte
- Filzer und/oder Pinsel und Wasserfarben
- Packpapier
- Poster »Gastmahl in Emmaus« **M 7**

Zeit
60 Minuten bei kleinen Gruppen (bis 6 Konfirmandinnen)
90 Minuten bei größeren Gruppen

Verlauf

1. Einstimmung und Einleitung
- Das Lied: »Kann denn das Brot ...« singen. Vorschlag für eine Einleitung:
  - Am Brot hängt viel. Wer kein Brot hat, weiß, daß sogar das ganze Leben daran hängt. Deshalb wird vom Brot auch viel erzählt. Wir haben auch schon einige Geschichten zum Brot kennengelernt ...
    Wir werden jetzt gleich eine der schönsten »Brotgeschichten« aus der Bibel hören. Sie erzählt, wie einem durch Brot die Augen aufgehen können und man auf einmal Dinge wirklich sieht, von denen man vorher allenfalls geträumt hat. Die Geschichte spielt nach Jesu Tod. Einige Frauen haben den Jüngern berichtet, daß Jesus auferstanden sei. Das glaubte aber niemand. Zwei Männer, die dabei waren, sind unterwegs in ein Dorf mit Namen Emmaus und unterhalten sich kopfschüttelnd über alle diese Dinge.

2. Vier kurze Lese- und Spielrunden zur Emmausgeschichte
- Ich habe diese Geschichte für euch gekürzt und in kleine Abschnitte zerlegt. Auf jedem Zettel hier steht ein Abschnitt. Oben steht jeweils eine Nummer, damit wir die Orientierung nicht verlieren. Ich werde diese Zettel ▼

jetzt verteilen. Stellt euch bitte in der Reihenfolge der Nummern im Kreis auf.
Zettel verteilen, für die Nr. 1 einen Platz angeben.

- 1. Runde: Von Nr. 1 beginnend nacheinander die Textabschnitte auf den Zetteln vorlesen.
- 2. Runde: Ein Wort (einen Satz, einen Assoziation, ...) aus dem jeweiligen Textabschnitte mit einer passenden Bewegung darstellen. Die Spielleitung erklärt das Verfahren am besten mit zwei oder drei Beispielen. In der Vorstellrunde wird wieder der Textabschnitt gelesen, danach wird die Bewegung vorgeführt.
- 3. Runde: Die Bewegungen werden vorgeführt, ohne den Text dazu zu lesen.
- 4. Runde: Der Textabschnitt wird, so gut es geht, auswendig gesagt.

■ Bibeln verteilen und die Geschichte Lk 24,13ff. miteinander im Originaltext lesen. Verständnisfragen klären, evtl. mit nachstehenden exegetischen Erläuterungen.

KLEINES EXEGETISCHES WÖRTERBUCH ZUR EMMAUSGESCHICHTE
(Textbasis ist die Übersetzung Martin Luthers)

☞ **V 13 ... zwei von ihnen ...**

Gemeint sind nicht zwei aus dem Kreis »der 12 Jünger«. Das ergibt sich aus V 18. Dort wird erwähnt, daß einer der beiden, die sich auf den Weg nach Emmaus gemacht haben, Kleopas heißt. Kleopas gehört aber nicht zu den Zwölfen.
Vermutlich bezieht sie die Angabe »zwei von ihnen« auf V 9.[1] Dort erzählen die Frauen, die sich am ersten Wochentag (dem Tag nach dem Sabbat, also unserem Sonntag) zum Grab Jesu aufgemacht hatten, den Jüngern und allen anderen (die bei den Jüngern waren), was sie am Grab erlebt hatten: Daß es leer sei und sie zur Erklärung gesagt bekamen, Jesus sei auferstanden. Die zwei auf dem Weg nach Emmaus könnten also zu einem Anhängerkreis Jesu gehören, der neben der Gruppe der 12 Jünger bestand. Der komplizierte Anschluß von V 13 an den vorhergehenden Text kann als Indiz gewertet werden, daß Lukas hier eine schriftlich vorliegende Quelle eingefügt und bearbeitet hat. Diese Quelle war offenbar den anderen Evangelisten nicht zugänglich, denn Lukas überliefert als einziger den Abschnitt von den »Emmausjüngern«.

V 16 Aber ihre Augen wurden gehalten ...

Der Ausdruck erklärt, warum Jesus nicht erkannt wird. Die Augen sind »wie gebannt, am Erkennen gehindert«[2] oder werden getäuscht (rabbinische Auslegung)[3]

V 18 Kleopas

Möglicherweise identisch mit Klopas, Bruder des Vaters Jesu. Klopas ist der Vater Simeons, der die Jerusalemer Gemeinde nach Jakobus leitete.

V 19 Prophet

Ein Mensch, der in einer unmittelbaren, unverwechselbar persönlichen Gottesbeziehung lebt und von Gott beauftragt ist, seinen Willen zu verkündigen. Das Neue Testament überliefert an mehreren Stellen, daß die Menschen in Jesus einen derartigen Propheten sahen (z.B. Mt 21,11). Soweit wir wissen, hat Jesus aber dieses Amt nicht für sich in Anspruch genommen (vgl. aber Mk 6,4). Entsprechendes gilt für die meisten Hoheitstitel, z.B. Christus (Messias), oder Kyrios (Herr oder Herrscher; daher »kyrie eleison« = Herr, erbarme dich) oder Sohn Gottes. Lediglich für den Gebrauch des Titels Menschensohn gehen die Meinungen der Forscher auseinander.

V 20 Hohenpriester

Oberster Priester am Jerusalemer Tempel, durch Wegfall des Königtums in nachexilischer Zeit ein Amt erheblicher Machtfülle und großen Ansehens. Der Hohepriester stand als Vorsitzender des Synedriums (oberste religiöse Instanz) an der Spitze des jüdischen Volkes. Lukas schiebt ihm mit diesem Vers die Schuld am Tode Jesu zu. Das entspricht nicht der historischen Wahrheit.

V 21 ... Israel erlösen

Damit ist der von frommen Juden täglich neu erbetene (Achtzehngebet) Tag gemeint, an dem Gott ein für alle Mal seine Gerechtigkeit in aller Welt aufrichten wird. Wie sich diese Erwartung erfüllen wird, darüber wurden im Judentum unterschiedliche Auffassungen entwickelt. Zur Zeit Jesu galt die herrschende Vorstellung, daß Gott aus dem Geschlecht des Königs David einen neuen Herrscher erwecken wird, der die Fremdherrschaft beenden, Israel zu neuer Größe führen und so die Herrlichkeit Gottes aller Welt sichtbar machen wird.

V 27 ... auslegen ...

Der unerkannt gebliebene Wanderer erläutert, wie die Schrift (d.h. für uns das Alte Testament) auf Jesus Christus hinweist und sein Leiden und Sterben erläutert.

V 27 Mose

Nach biblischer Überlieferung führte Mose das Volk Isreal aus der Knechtschaft in Ägypten in das verheißene Land,

---
[1] E. Klostermann, Das Lukasevangelium, Handbuch zum Neuen Testament Bd. 5, Tübingen 1929, S. 234.
[2] G. Kittel, Theologisches Wörterbuch zum Neuen Testament, Bd. III, Stuttgart 1990, S. 911.
[3] Strack-Billerbeck, Kommentar zum Neuen Testament aus Talmud und Midrasch, Bd. II, München 1924, S. 271.

»in dem Milch und Honig fließen« (2 Mose 3,8 u.ö.). Auf dem Weg dorthin hat er auf dem Berg Sinai die Tafeln des Gesetzes zum Zeichen des Bundesschlusses zwischen Gott und seinem Volk erhalten. Von Mose wird gesagt, daß Gott wie ein Freund mit ihm redete (2 Mose 33,11) und er unter den Propheten (s.o. zu V 19) einzigartig ist (5 Mose 34,10ff.).

V 30 Brot brechen

Der eingeladene Gast übernimmt die Aufgabe des Hausherren: Er spricht für alle den Tischsegen und eröffnet mit dem Zerreißen des Brotes die Mahlzeit.
Die Wortwahl, mit der das Mahl beschrieben wird (nehmen, danken, brechen, geben)[4], erinnert an den Bericht über die Einsetzung des Abendmahls. Ferner verwendet Lk den Ausdruck »Brot brechen« als Bezeichnung für die Feier des Abendmahls (Apg 2,42.46; 20,7). So wird für Leserin und Leser der Geschichte schon hier deutlich, was die Emmausjünger erst in nächsten Vers erfahren: Die Gegenwart des Auferstandenen.

V 31 Da wurden ihnen die Augen geöffnet

Gegenstück zu V 16. Es wird unterstrichen, daß der Glaube an den Auferstandenen, wie die Auferstehung selbst, allein Gottes Werk ist. Gott selbst muß Augen öffnen für das Unerhörte. Das geschieht über die Auslegung der Schrift (V 25-27) und das Mahl (V 30-31), mit dem Jesus seinen Tod gedeutet hat.

V 31 Und er verschwand vor ihnen

Ein nicht weiter erklärbarer Vorgang. Es soll damit gesagt werden, daß Jesus in der Auslegung des Wortes und in der Feier des Abendmahls zwar leibhaftig anwesend ist, wir ihn aber nicht festhalten können, etwa wie »man einen Freund festhält«.[5]

V 32 Brannte nicht unser Herz ...

Ein Ausdruck innerer Erregung. In der biblischen Parallele Ps 38,4 ist das brennende Herz der Grund, daß der Beter nicht länger schweigen kann.[6] Entsprechend stehen die Emmausjünger sofort auf und kehren zurück nach Jerusalem, um den anderen zu erzählen, was sie erlebt haben (V 33-35).

V 34 Der Herr ist auferstanden und Simon erschienen

Die Emmausjüngern werden mit der Botschaft schon empfangen, die sie erst bringen wollen. Simon (d.i. Petrus) war der Jünger, der nach Jesu Gefangennahme aus Angst mehrfach gesagt hatte: Ich kenne Jesus nicht! (Geschichte von der Verleugnung des Petrus Lk 22, 54-62).

▼ **3. Sich mit Figuren ein Bild von der Geschichte machen**
- Einen Partner für die folgenden Arbeitsaufgaben wählen lassen (bei kleineren Gruppen Einzelarbeit). Jedes Paar wählt den Satz aus der Geschichte aus, der ihm am wichtigsten erscheint und schreibt ihn auf.
- »Ihr sollt euch jetzt ein Bild von eurer Szene machen. Dazu bekommt ihr einen Bogen mit Figuren. Einige sitzen, andere stehen. Köpfe und Arme sind einzeln abgebildet, damit ihr den Figuren eine Haltung geben könnt, die ihr richtig findet.
Eure Aufgabe ist es, einige Figuren auszuschneiden, und damit ein Bild zu dem Satz zu gestalten, den ihr eben ausgesucht habt. Wie hat das wohl ausgesehen? Sitzen oder stehen die Menschen? Wenden sie sich einander zu oder voneinander ab? Haben sie den Kopf gesenkt oder erhoben? Lassen sie die Arme hängen, heben sie sie hoch oder zeigen sie auf etwas? Malt die entsprechenden Hände. Welche Gesichter wollt ihr den Menschen geben: fröhliche, niedergeschlagene, gleichgültige, erschrockene? Ihr könnt dazu Filzer (und/oder Wasserfarben) benutzen. Noch ein Tip: Ihr bekommt leichter ein Bild zu eurem Satz, wenn ihr erst einmal die Figuren, Arme und Köpfe ausschneidet und dann damit auf dem leeren Bogen spielt. Bewegt die Figuren hin und her, dreht Köpfe, bewegt Arme – macht euch ein Bild. Wenn ihr euch einig seid, klebt alles auf ein Stück Papier. Malt dann Gesichter und Hände, wenn ihr Lust habt, auch weitere Gegenstände oder einen Hintergrund.
Habt ihr verstanden, wie ich es meine? Ihr habt 30 Minuten Zeit.«
- Alle sitzen im Halbkreis. Jedes Paar befestigt sein Bild an der Wand und erläutert es den anderen. Dazu kann der Satz gesagt (besser noch von den anderen erraten) werden, aus dem es entstanden ist. Es kann auch erzählt werden, was Mühe gemacht hat, was besonders wichtig an dem Bild ist ...
Ggf. Aussagen für alle sichtbar notieren.

→ *Variante:*
Die Figuren für die Szene aus Zeitungspapier ausreißen und auf Packpapier kleben. Das empfiehlt sich vor allen Dingen dann, wenn in der Einheit zur Taufe zur Gestaltung des Taufaltars mit dem dort vorgeschlagenen Schnittmusterbogen gearbeitet wurde.[7]

4. Ein Vergleich mit dem Bild ›Gastmahl in Emmaus‹
- Das Poster an der Wand neben den Konfirmandenbildern anbringen.
»Dieses Bild stammt von einem Maler, der jetzt in Berlin lebt. Seht es euch 1 Minute still an. Wer mag, kann dann sagen, was auf dem Bild zu sehen ist.«

---

4 H.-Ch. Schmidt-Lauber, Die Eucharistie als Entfaltung der Verba Testamenti, Kassel 1957, S. 43-46
5 E. Schweizer, Das Neue Testament Deutsch, Bd. III, 1986 Göttingen, S. 247
6 H.-J. Krauss, Psalmen, Biblischer Kommentar Altes Testament, Bd. XV/1, Neukirchen-Vluyn 1978, S. 453

7 Unterrichtsvorschlag »Zur Taufe kommen«, in: Die Taufe: ... mit allen Wasser gewaschen, S. 30-33.

▼ Es ist darauf zu achten, daß die Bilder der Konfirmandinnen und Konfirmanden weder untereinander noch im Vergleich mit dem Stelzmannbild abgewertet werden.
- Gesprächsanregungen:
  - Bildervergleich: Eure Schwerpunkte / Schwerpunkte auf dem Poster
  - Welcher Satz aus der Geschichte ist auf dem Poster dargestellt?
  - Ob die Männer auf dem Poster Jesus erkennen?
  - Vermutungen, warum er nicht erkannt wird.
  - Wenn dieses Bild bei uns in der Kirche hinge, ...
  - Was mag die Geschichte für unsere Abendmahlsfeier bedeuteten?
  - Ist Christus bei uns wie auf dem Bild? Oder anders?
  - Woran können wir das erkennen?
  - Weitere Auswertungsgesichtspunkte s. oben »Das Bild wahrnehmen«
- Zum Abschluß noch einmal ein (Abendmahls-)Lied singen, das zum Verlauf des Gesprächs paßt (vergl. Liederblatt M 11).

Ergänzungen – Alternativen – Hinweise

- Reizvoll für Erwachsene und Jugendliche erscheint ein Vergleich mit einem kunstgeschichtlichen Kontrapunkt. Dazu wäre das Werk Caravaggios (1573-1610), »Christus in Emmaus« geeignet. Eine vorzügliche Bildbeschreibung und gute Kopiervorlagen (z.B. für eine farbige OH-Folie) finden sich in »Edwin Mullins (Hg.),100 Meisterwerke, Verlagsgesellschaft Schulfernsehen -vgs-, Köln 1983, Bd. 1, S. 12ff.
- Aus dem Gesprächsabend mit Erwachsenen kann sich ein Predigtthema für einen Abendmahlsgottesdienst entwickeln. Vielleicht kann als »Textlesung« das Bild Stelzmanns für die Gottesdienstgemeinde von einigen Teilnehmerinnen und Teilnehmern des Gesprächsabends erläutert werden.
- Auch ohne unterrichtliche Zusammenhänge kann mit dem Stelzmannbild z.B. eine Passionsandacht (vielleicht am Gründonnerstag) gestaltet werden. Die obenstehende Bildbetrachtung und die Gesprächsanregungen für eine Gruppe Erwachsener können dabei zur Predigtvorbereitung dienen.

BAUSTEINE FÜR EINEN ABENDMAHLSGOTTESDIENST MIT KONFIRMANDINNEN UND KONFIRMANDEN

- Die Emmausgeschichte im Gottesdienst mit Gesten erzählen. Grundlage dafür können die oben unter Pkt. 2 beschriebenen vier kurzen Lese- und Spielrunden zu dieser Geschichte sein.
- Die aus den Firgurenbögen entstandenen Bilder (oben Pkt. 3) im Gottesdienst zeigen und von Konfirmandinnen und Konfirmanden erläutern lassen. Wenn diese Bilder in der Kirche ausgestellt sind, kann in der Eröffnungsphase zu einem betrachtenden Rundgang eingeladen werden. Eine Predigt kann einen wichtigen Aspekt der Bilder in Beziehung zu dem Gemälde Stelzmanns auslegen.

Nun segne, Herr, uns Brot und Wein ...

Nun segne, Herr, uns Brot und Wein ...

ABENDMAHLSGOTTESDIENSTE MIT KONFIRMANDINNEN UND KONFIRMANDEN

KIRCHLICHE ORDNUNGEN

☞ **In vielen Landeskirchen und Gemeinden** wird mit den Konfirmandinnen und Konfirmanden schon im Rahmen der Abendmahlsunterweisung das erste Abendmahl gefeiert. Das hat sich bewährt, wird zunehmend praktiziert, ist kirchenrechtlich auch längst abgesichert.[1] Konfirmandenunterricht öffnet sich hier in das Leben der Gemeinde.[2] Konfirmandinnen und Konfirmanden haben die Chance, unterschiedliche Formen der Abendmahlsfeier kennenzulernen und sich an dieser Lebensäußerung des Glaubens angemessen zu beteiligen.

Im Vorfeld des Unterrichts zum Abendmahl ist damit aber als weiterer Gesichtspunkt die Taufpraxis der Gemeinde zu bedenken. In Großstadtgemeinden ist bis zu einem Drittel der Konfirmandinnen und Konfirmanden nicht getauft. Nach dem Verständnis aller Kirchen eröffnet aber erst die Taufe den Zugang zum Abendmahl. Das Thema »Taufe« mit anschließender Taufe der Ungetauften muß daher vor der Abendmahlsunterweisung Gegenstand des Konfirmandenunterrichts sein.[3] Um Taufe und Konfirmation voneinander abzusetzen, empfiehlt sich ein Termin noch in der ersten Hälfte des Unterrichtszeitraums.[4]

Das alles ist theologisch ein weites Feld und auch nicht unumstritten. Die Problematik wurde hier nur benannt, um denen einen Weg zu weisen, die gerne mit ihren Konfirmandinnen und Konfirmanden das Abendmahl feiern möchten, in deren Gemeinden das aber bisher nicht üblich war. Auf jeden Fall muß eine Klärung im Presbyterium (Gemeindekirchenrat) erfolgen, vielleicht auf dem Weg der Beschäftigung mit dem Thema Abendmahl an einem besonderen Tag oder einem Wochenende für Älteste. In den Vorschlägen für andere Gemeindegruppen läßt sich dazu Material finden.

DIE ABENDMAHLSFEIER MIT ERGEBNISSEN AUS DEM UNTERRICHT GESTALTEN

Jede Unterrichtsstunde aus diesem Heft kann für sich in einem Abendmahlsgottesdienst mit Konfirmandinnen und Konfirmanden münden. Dafür wurden in den Unterrichtseinheiten jeweils mehrere »Bausteine« genannt. Ausgangspunkt ist immer das Material, das der Stunde zugrunde liegt, und die Arbeitsergebnisse, die entstanden sind.

Im folgenden wird an drei Gottesdienstmodellen näher ausgeführt, wie Unterrichtsmaterial aus diesem Heft und Arbeitsergebnisse der Konfirmandinnen und Konfirmanden die Abendmahlsfeier gestalten können. Aus den Vorschlägen muß jeweils für die eigene Situation ausgewählt werden.

---

1 **Rahmenordnung für den Konfirmandenunterricht der Evangelischen Kirche in Berlin-Brandenburg vom 1.8.1984** §10: »Die Konfirmanden können im Rahmen der Einführung in das Verständnis des Abendmahls gemäß der kirchlichen Ordnung zur Teilnahme am Abendmahl eingeladen werden. Die Zulassung zur Teilnahme am Abendmahl in eigener, selbständiger Verantwortung wird den Konfirmanden öffentlich mit der Konfirmation zugesprochen.« **Evangelische Kirche im Rheinland, Arbeitshilfe für die Konfirmandenarbeit**, S.29: »Die Jugendlichen können bereits vor der Konfirmation am Abendmahl der Gemeinde teilnehmen, wenn das Abendmahl Thema in der Konfirmandenarbeit war.« **Der Rahmenplan für die kirchliche Arbeit mit Kindern und Jugendlichen (Konfirmanden), Hg. Sekretariat des Bundes der Evangelischen Kirchen in der DDR**, schlägt zum Thema »Wir in der Kirche von morgen« ein gemeinsames Tischabendmahl vor (S. 72f.).
2 **Evangelische Kirche im Rheinland, Arbeitshilfe für die Konfirmandenarbeit**, S. 23ff., Leitlinien 1,2 und 5.
3 Siehe dazu das **Unterrichtsprojekt zur Taufe** im Heft »Die Taufe: ... mit allen Wassern gewaschen«.
4 Ev. Kirche in Berlin-Brandenburg (Berlin-West) 1985, **Zur Ordnung und Praxis der Taufe**, bes. S. 27-29.

ABENDMAHLSGOTTESDIENST | 29

MIT KONFIRMANDINNEN UND KONFIRMANDEN

ABENDMAHL AM TISCH

Dieser Vorschlag eignet sich vor allem als Abschluß einer Konfirmandenfreizeit (Konfirmandenrüste) zum Abendmahl. Wurde das Thema im Rahmen der üblichen Wochenstunden unterrichtet, kann auf diese Weise auch der »erste Abendmahlsgang« der Konfirmandinnen und Konfirmanden gefeiert und die Familien, Paten und Kirchenälteste dazu eingeladen werden.

Ausgangspunkt

ist die in der Unterrichtsstunde »Eine geheimnisvolle Mahlzeit« verwendete Liturgie (S.12). Die dort genannte Vorstellung der Arbeitsergebnisse wird ersetzt und ergänzt durch Lesungen aus der Bibel, passende Geschichten, Beiträge aus anderen Unterrichtsstunden.
Bei kleineren Konfirmandengruppen können vielleicht auch in der Kirche Tische für die Abendmahlsfeier aufgestellt werden.

Der liturgische Ablauf

- **Der Raum ist geschmückt**
  mit Ergebnissen der gemeinsamen Arbeit:
  - z.B. mit den großen Piktogrammen zu biblischen Geschichten (S. 11);
  - z.B. mit eigenen Gedichten, die groß auf verschiedene Wandplakate geschrieben wurden (S. 11, 13, 18);
  - z.B. mit den Ergebnissen der Schatzsuche, die noch einmal schön aufgeschrieben und vielleicht im Zusammenhang mit großen Zeichnungen von Kelch und Brot ringsum an den Wänden angebracht sind (S. 21).

- **Die Tafel ist vorbereitet**
  Brot und Saft stehen für alle sichtbar an einer herausgehobenen Stelle. Auf jedem Platz liegt ein Liederzettel (Gesangbuch, Liederbuch). Kerzen, Blumen, weiterer Tischschmuck, Trauben, Teller, Becher nach eigenem Geschmack oder Entscheidung der Gruppe.

- **Konfirmandinnen und Konfirmanden, Familien, Paten, Kirchenälteste versammeln sich vor dem Raum, in dem das Abendmahl gefeiert wird.**
  - Die Wartezeit kann zum (An-)singen der Lieder genutzt werden.
  - Wenn alle da sind, wird die »versammelte Gemeinde« begrüßt. Das kann auch von einer Konfirmandin oder einem Konfirmanden übernommen werden.
  - Die Begrüßung kann mit einem kurzen Gebet abschließen.
  - Der Raum kann »singend« betreten werden. Dazu eignet sich eine bekannte Liedstrophe z.B. Brich mit den Hungrigen dein Brot, (»Denk mal nach ...«, S. 208); Du bist das Brot (Liedblatt **M 11**), ein Refrain (z.B. EG 225; Wir sind noch nicht im Festsaal angelangt, Mein Liederbuch, B 41), ein Kanon (z.B. EG 175).

- **Eine Einleitung, wenn alle Platz genommen haben**
  Dazu kann
  - das angefangene Lied vollständig oder der begonnene Kanon nun mehrstimmig gesungen werden.
  - etwas zu dem geschmückten Tisch gesagt werden. Eine Anregung dazu gibt das kurze »Lehrgespräch« von Hubertus Halbfas (»Denk mal nach ...«, S. 234).
  - ein angeleiteter Blick auf die an den Wänden sichtbaren Arbeitsergebnisse des Unterrichts geworfen werden.
  - ein Gebet gesprochen werden, das den Anlaß der Feier thematisiert, wenn es nicht schon vor Betreten des Raumes geschah.

- **Lesungen, Geschichten, Voten zum Brot**
  - Eine biblische Mahlgeschichte, z.B.: Die Speisung der 5000, Lk 9,10-17; Zachäus, Lk 19,1-10, die Emmausjünger, Lk 24, 13-35; evtl. auch ein Abschnitt aus 1 Kön 19.
  - Eine andere Mahlgeschichte, z.B. Das Brot des Bäckers, (»Denk mal nach ...«, S. 214); Hunger, (»Denk mal nach ...«, S. 86f.); einen Abschnitt aus der Geschichte über Elezeus Hylla, (»Denk mal nach ...«, S. 210ff.)
  - Ein Gedicht, das im Unterricht entstanden ist, vergl. die Vorschläge zu »Das Brot ist der Himmel« S. 11 und S. 18.

- **Ein Brotlied**
  z. B. Das Brot aus deinen Händen (»Denk mal nach ...«, S. 215), Kann denn das Brot so klein, Str. 1.3-5 (»Denk mal nach ...«, S. 206), Du bist das Brot (Liederblatt **M 11**); EG 221, 226,1-2.

- **Lesungen, Geschichten, Voten zum Wein**
  - Eine biblische Weingeschichte, z.B. Das Weinwunder zu Kana (Joh 2,1-11).
  - Eine Meditation, z.B. die sich auf den Kelch beziehenden Abschnitte des Textes von Heinrich Herrmanns (»Denk mal nach ...«, S. 206).

- **Ein Weinlied**
  z.B. Kann denn das Brot so klein, Str. 2-5 (»Denk mal nach ...«, S. 206), Du bist das Brot (Liederblatt **M 11**); EG 221, 226,3-4.

- **Eine kurze Predigt**
  oder eine mit Konfirmandinnen und Konfirmanden entwickelte Abendmahlsbesinnung, wie sie mit Ergebnissen der Schatzsuche vorgeschlagen ist (Baustein S. 20).

- **Einsetzungsworte**

- **Vater unser**
  von allen gesprochen oder auch als Lied (Mein Liederbuch, B 48-50; Mein Liederbuch 2, B 169).

- **Mahl**
  währenddessen können Lieder gesungen oder auch eine Musik gespielt werden.

- **Schlußgebet**
  - Laß es doch so sein, lieber Vater im Himmel,
    daß die Ohren, die dein Wort gehört haben, verschlossen sind für die Stimme des Streites und des Unfriedens,
    daß die Augen, die deine große Liebe gesehen haben, auch deine selige Hoffnung schauen,
    daß die Zungen, die dein Lob gesungen haben, hinfort die Wahrheit bezeugen,
    daß die Füße, die in deinen Vorhöfen gestanden haben, hinfort nicht abirren von den Wegen des Lichts
    und daß alle, die an deinem lebendigen Leibe Anteil hatten, hinfort in einem neuen Leben wandeln.
    G. Bezzenberg/Ch. Zippert, Wachet und betet, Stauda Verlag, Kassel 1978, S.61

- **Segen**
  - Der Segen des Sohnes von Sarah und Abraham, der Segen des Sohnes, von Maria geboren, der Segen des heiligen Geistes, der über uns wacht wie eine Mutter über ihre Kinder, sei mit euch allen.
    Einiger, Die schönsten Gebete der Welt, Südwest Verlag, München 1996

  - Geht mit der Einsicht, daß Jesus euch bei eurem Namen gerufen hat und ihr zu ihm gehört, geht mit der Absicht, ihm Dank zu sagen mit Worten und Taten, mit Händen und Füßen, geht mit der Aussicht, daß Jesus bei euch ist bis ans Ende der Welt.
    Mein Liederbuch, tvd Verlag, Düsseldorf o.J., S. 28

ABENDMAHL BEI EINER ABENDANDACHT

Dieser Vorschlag eignet sich in gleicher Weise für den Abschluß eines Gemeindeseminars zum Abendmahl und für einen »ersten Abendmahlsgang« der Konfirmandinnen und Konfirmanden.
In jedem Fall werden Gemeindeglieder, und Kirchenälteste besonders eingeladen, für einen Konfirmandengottesdienst auch Eltern und Paten.

- **Ausgangspunkt**
  ist das Bild »Gastmahl in Emmaus« von Volker Stelzmann (Denk mal nach ..., S. 208f., s. Unterrichtsstunde »... ist er lebendig unter uns.« S. 22-27).
  Für die gottesdienstliche Verwendung ist diesem Heft neben dem Poster auch eine Farbfolie des Bildes beigegeben.
  Bei einer kleineren Gottesdienstgemeinde kann mit Hilfe des Bildes ein Predigtgespräch durchgeführt werden.

Der liturgische Ablauf

- **Gemeindeübliche Eingangsliturgie einer Abendandacht**

- **Das Bild »Gastmahl in Emmaus«**
  kann nach einer Schriftlesung oder an deren Stelle betrachtet werden. In einer kleinen Gottesdienstgemeinde wird das Poster für alle sichtbar angebracht, für einen größeren Kreis die Folie M 10 an eine helle Fläche projiziert.
  - Wird die Andacht zum Abschluß eines Gemeindeseminars gehalten, können Seminarteilnehmer und -teilnehmerinnen das Bild erläutern und/oder einige Arbeitsergebnisse dazu mitteilen.
  - Wird die Andacht mit Konfirmandinnen und Konfirmanden gestaltet, ...
    - kann die Emmausgeschichte im Gottesdienst mit Gesten erzählt werden.
    - können die mit Figuren entworfenen Bilder zur Emmausgeschichte in der Kirche ausgestellt sein und jetzt in einem Rundgang betrachtet werden. Die Konfirmandinnen und Konfirmanden erläutern ihr Bild jeweils in ein oder zwei Sätzen.
    - kann das Bild erst jetzt gezeigt werden.
    - können Konfirmandinnen und Konfirmanden das Bild erläutern und der Gemeinde Gemeinsamkeiten wie Unterschiede zu ihren Bildern / zur Emmausgeschichte darlegen.
  - Alle Arbeitsverfahren sind in der Unterrichtsstunde »... ist er lebendig unter uns« beschrieben.
  - Ist das Bild den Gottesdienstteilnehmern unbekannt, kann es in einer Auswahl der auf S. 23-24 aufgeführten Impulse in einem »Predigtgespräch« erarbeitet werden.

- **Eine kurze Predigt**
  über die Emmausgeschichte, das Bild Stelzmanns, einen emotionalen Schwerpunkt aus dem Seminar usw. kann

sich anschließen. Fand ein Predigtgespräch statt, gibt es keine weitere Auslegung.

■ **Ein Lied**
z.B. Bleib bei uns, hilf uns tragen (s. Liederblatt **M 11**), Zwischen Kreuz und Auferstehung (ebd.), EG 221, 226, 228.

■ **Abendmahlsliturgie**
- Es wird die in der Gemeinde übliche Abendmahlsliturgie gefeiert.
- Es wird ein Abendmahlsgebet gesprochen, das in Rahmen der Unterrichtsstunde »Einen Schatz finden« entstanden ist (S. 20).
- Es werden Elemente aus dem vor- und nachstehenden Liturgieformular übernommen.

■ **Der Gottesdienst schließt**
- wie in der Gemeinde üblich.
- mit einer besonderen Musik.
- mit Elementen aus dem vor- und nachstehenden Liturgieformular.

ABENDMAHL IM HAUPTGOTTESDIENST

Dieser Vorschlag eignet sich,
- in jeden Sonn- und Festtagsgottesdienst eingefügt zu werden. Er kann auch unabhängig von allem Unterricht gebraucht werden.
- als Rahmen für eine mit Konfirmandinnen und Konfirmanden gestaltete Abendmahlsfeier im Sonntagsgottesdienst.
- zur Strukturierung jeder kleinen Abendmahlsfeier mit Konfirmanden- und anderen Gruppen.

Ausgangspunkt
ist der Gedanke, die Einsetzungsworte zu teilen und nach dem Brotwort das Brot, in gleicher Weise nach dem Weinwort den Wein auszuteilen. Die Stiftungs- und Verkündigungsworte des Mahles werden jetzt zusätzlich Spendeworte. Im Geschehensablauf tritt dadurch eine Verlangsamung ein. Es wird aufmerksamer wahrgenommen, was nacheinander gesagt und getan wird. Lesungen und Lieder zu Brot und Wein helfen, den Zusammenhang der Geschichte Jesu mit seinem Leiden und Sterben zu vergegenwärtigen. Das Vaterunser wird vor den Einsetzungsworten als Tischgebet gesprochen. Die Verbindung zwischen »täglichem Brot« und »Himmelsbrot«, sowie zwischen Vergebungsbitte und dem Mahl, in dem vergeben wird, wird dadurch besonders betont.[5] Letztlich geht diese Gestaltung auf Luther selbst zurück.[6]
Mit Hilfe dieser Liturgie kann einer Gemeinde das Abendmahlsgeschehen aufs neue bewußt werden.

Der Verlauf des Gottesdienstes

■ **Gemeindeübliche Liturgie bis zum Kollektengebet**

■ **Schriftlesung**
Als »Schriftlesung« können Ergebnisse aus dem Unterricht in den Gottesdienst eingebracht werden. Dafür bieten sich besonders an:
- Die großen Piktogramme zu biblischen Geschichten, die in der Unterrichtsstunde »Eine geheimnisvolle Mahlzeit« entstanden sind (S. 11).
- Das Spiel zu der Geschichte »Das Brot des Bäckers« aus derselben Unterrichtsstunde.
- Das Sprechstück »Ein Mensch, der zum Abendmahl geht, hungert nach ...«, das evtl. im Anschluß an die Unterrichtsstunde »Hunger auf Abendmahl« entstanden ist (S. 16).
- Die Sprech- und Spielszene zur Emmausgeschichte aus der Unterrichtsstunde »... ist er lebendig unter uns« (S. 26).

---

5 »Der leiblichen Gegenwart des Erlösers darf sich nur nähern, wer sich im Schutz seiner Worte geborgen hat.« **M. Josuttis, Der Weg ins Leben,** München 1991, S. 285.
6 **M. Luther, Deutsche Messe und Ordnung des Gottesdiensts, Luther Deutsch Bd. 6,** Stuttgart/Göttingen 1966, besonders S. 95-102. »Es dünkt mich aber, daß es dem Abendmahl gemäß sei, wenn man flugs auf die Konsekration des Brotes das Sakrament reiche und gebe, ehe man den Kelch segnet.« ebd. S. 100.

32 | Das Abendmahl | Nun segne, Herr, uns Brot und Wein ...

▼ ■ **Glaubensbekenntnis**

■ **Ein Lied aus dem Unterricht**
Die Konfirmandinnen und Konfirmanden können als kleiner Chor fungieren und der Gemeinde das Lied beibringen.

■ **Eine kurze Predigt**
z.B. über einen Aspekt der Dinge, die von den KonfirmandInnen in der »Schriftlesung« laut geworden sind.

■ **Lied (und Abkündigungen)**

■ **Fürbitten**
- Das Thema »Das Brot ist der Himmel« (Gedicht, Denk mal nach ..., S. 215) kann zu kurzen eigenen Fürbitten anregen. Wurde das Gedicht durch eigene Formulierungen erweitert, lassen sich damit vielleicht die Fürbitten einleiten oder abschließen (S. 11 und 18).
- In die Bitten kann die Gemeinde mit einem Kyrielied einstimmen (z.B. EG 178.9 oder 178.12).

■ **Gebet über den Gaben**
Vor uns stehen Brot und Wein, von Jesus zu Zeichen der Liebe Gottes gemacht. Wir danken Gott für seine Gaben, für das Heil, das sie uns nahebringen. An diesem Tisch vereinen wir uns mit den Christen auf der ganzen Erde und mit allen, die uns im Glauben vorausgegangen sind. Wir beten, wie Jesus Christus es uns gelehrt hat.
G. Bezzenberg/Ch. Zippert, Wachet und betet, Stauda Verlag, Kassel 1978, S. 10

■ **Vater unser**

■ **Lesung: Mt 15,32-37**

■ **Lied**
Alle singen:
Du bist das Brot, das den Hunger stillt,
du bist der Wein, der die Krüge füllt.
Du bist das Leben, du bist das Leben, du bist das Leben Gott.
Mein Liederbuch 2, tvd Verlag, Düsseldorf 1992, B 164
(s. Liederblatt **M 11**)

■ **Einsetzungsworte und Abendmahl**
Unser Herr Jesus Christus, in der Nacht, in der er verraten ward, nahm er das Brot, dankte und brach's und gab's seinen Jüngern und sprach: Nehmet hin und esset: Das ist mein Leib, der für euch gegeben wird; solches tut zu meinem Gedächtnis.

Das Brot wird herumgegeben. In einem kleinen Kreis geschieht das still. In größeren Gottesdiensten, wenn das Brot durch die Reihen gereicht wird, kann die Gemeinde singen und/oder der (Orgel)Musik zuhören.

▼

▼ ■ **Lesung Joh 2,1-10**

■ **Lied**
Alle singen
Du bist das Brot, das der Hunger stillt,
du bist der Wein, der die Krüge füllt.
Du bist das Leben, du bist das Leben, du bist das Leben, Gott.

Desgleichen nahm er auch den Kelch nach dem Abendmahl, dankte und gab ihnen den und sprach: Nehmet hin und trinket alle daraus: Dieser Kelch ist der neue Bund in meinem Blut, das für euch vergossen wird zur Vergebung der Sünden; solches tut, so oft ihr's trinket, zu meinem Gedächtnis.

Der Kelch mit Saft oder Wein wird herumgegeben, still oder singend, so, wie es beim Brot geschah.

■ **Lied**
- Soll die Gemeinde noch in der Runde um den Altar stehen bleiben, am besten ein Kanon: Danket, danket dem Herrn (EG 336) oder: Richte unsere Füße auf den Weg des Friedens (Liederblatt **M 11**).
- Ist die Gemeinde zurück auf die Plätze gegangen, ein bekanntes Lied aus dem Evangelischen Gesangbuch.
- Waren am Gottesdienst Konfirmandinnen und Konfirmanden beteiligt, ein Lied vom Liederblatt **M 11**, z.B.: Manchmal feiern wir mitten am Tag ein Fest der Auferstehung oder: Zwischen Kreuz und Auferstehung.

■ **Dankgebet**
Daß wir dein Wort vernommen haben,
Gott, daß wir das Brot gebrochen haben füreinander
laß das für uns ein Zeichen sein, daß du uns nahe bist,
daß wir deine Menschen sind, von dir genährt, von dir geliebt.
Verlaß uns nie, wir bitten dich, sei wie das Tageslicht um uns,
sei unser fester Boden und mehr noch: unsere Zukunft.
H. Osterhuis, Du wartest auf uns, Verlag Herder, Wien 1973, S. 28

■ **Sendungswort**
- Sähet Gerechtigkeit und erntet nach dem Maß der Liebe! Pflüget ein Neues, solange es Zeit ist, den Herrn zu suchen, bis er kommt und Gerechtigkeit über euch regnen läßt! (Hos 10,12).
- Selig sind, die da hungert und dürstet nach der Gerechtigkeit, denn sie sollen satt werden. (Mt 5,6)

■ **Segen**

Das Abendmahl | M1 | Arbeitsbogen | Arbeitsmaterialien

Ein Popstar hungert nach ✎ ....

Ein Manager hungert nach ✎ ....

Eine arbeitslose Frau ... ✎ ....

Ein Gefangener ... ✎ ....

Ein Mensch im Altersheim ... ✎ ....

Eine Politikerin ... ✎ ....

Ein Wissenschaftler ... ✎ ....

Eine Schriftstellerin ... ✎ ....

Eine Sportlerin ... ✎ ....

Ein Kranker ... ✎ ....

Eine Verliebte ... ✎ ....

Ein Sterbender ... ✎ ....

✎ ....

> DIESE SPEISE IST TROST FÜR DIE BETRÜBTEN, ARZENEI FÜR DIE KRANKEN, LEBEN FÜR DIE STERBENDEN UND EIN SCHATZ FÜR ALLE ARMEN!

> WER ZUM ABENDMAHL GEHT, HUNGERT NACH...

Arbeitsanweisungen für die Schatzsuche

Zu Text „Da steht ein Kelch ..." (S. 206) am Altar oder im Altarraum.

Hier in der Nähe ist ein Puzzle versteckt. Das müßt ihr zunächst suchen und zusammensetzen. Lest dann den Text und beantwortet folgende Frage auf eurem Schatzplan: „Was erfahren die Menschen, wenn sie alle aus einem Kelch trinken?"
Tut bitte zum Schluß das Puzzle wieder in das Kuvert und versteckt es in einem Moment, in dem die anderen euch nicht beobachten.

Das Lied „Brich mit den Hungrigen dein Brot" (S. 208) in der Kirche über der Opferbüchse.

Vielleicht kennt ihr dieses Lied. Lest es bitte trotzdem noch einmal durch.
Eure Aufgabe: Tut etwas, wovon dieses Lied singt. Ihr könntet z.B. jeder etwas von eurem Taschengeld in die „Brot für die Welt"-Büchse tun oder den Kindergottesdienstkindern dieses Lied beibringen.
_____ wird euch dabei helfen.
Überlegt, womit ihr helfen und anderen eine Freude machen könnt. Schreibt das auf den Schatzplan und berichtet nachher den anderen.

Die Geschichte „Das Abendmahl des Elezeus Hylla" (S. 210-213). Eine nette Sitzecke im Gemeindehaus, im „Clubraum", am Tisch in der Gemeindebücherei, im Sprechzimmer der Pfarrerin oder des Pfarrers, ...

Was könnte Elezeus Hylla auf die Frage antworten, was er mit dem Abendmahl bekommen hat?
Schreibt auf, was euch einfällt, und tragt es an der entsprechenden Stelle auf dem Schatzplan ein.

Die Geschichte „Das Brot des Bäckers" (S. 214) in der Küche des Gemeinde- oder des Pfarrhauses.

Das ist das Brot des Bäckers. Es ist zum Essen da. Wenn du satt bist, lies die Geschichte auf der anderen Seite und beantworte folgende Frage: Was haben der Vater, der Sohn, der Bäcker mit dem Brot bekommen, bzw. gegeben? Schreibt zusammen eure Meinung auf die entsprechende Stelle des Schatzplans.

Gedicht „Das Brot ist der Himmel" (S. 215) in der Sakristei.

Dieses Gedicht kennt ihr vielleicht schon. Das ist gut, denn jetzt wird es schwierig. Sucht euch 4 Worte aus dem Gedicht aus und bildet mit jedem dieser Worte einen kleinen Satz oder einen Satzteil. Dann habt ihr ein vierzeiliges Gedicht. In einer Zeile soll aber außerdem das Wort „Brot" vorkommen. Schreibt euer Gedicht auf den Schatzplan.

Gedicht „Das Brot ist der Himmel" (S. 215) in der Sakristei. Alternative 1

Schreibt zum Brot ein „Elfchen". Das ist ein Gedicht aus 11 Worten, die sich nach folgendem Schema über 5 Zeilen verteilen:
1. Zeile ein Wort   = eine Farbe.
2. Zeile zwei Wörter = ein Gegenstand in dieser Farbe.
3. Zeile drei Wörter = wo der Gegenstand ist und/oder was er tut.
4. Zeile vier Wörter = in einem kleinen Satz noch mehr über den Gegenstand erzählen, vielleicht mit „ich" beginnen.
5. Zeile ein Wort   = ein Abschluß.

Gedicht „Das Brot ist der Himmel" (S. 215) in der Sakristei. Alternative 2

Schreibt zum Brot ein „Haiku". Das ist eine Gedichtform aus Japan und folgt folgenden Regeln:
1. Zeile fünf Silben
2. Zeile sieben Silben
3. Zeile fünf Silben

Das Lied „Das Brot aus deinen Händen" (S. 215) irgendwo in den Bankreihen, vielleicht da, wo die Konfirmandinnen und Konfirmanden meistens sitzen.

Das Lied erzählt, was ihr beim Abendmahl geschenkt bekommt. Schreibt in einem Satz auf euren Schatzplan, was euch davon am besten gefällt.
Das geht sicher schnell. Ihr habt daher noch Zeit, diesen Satz in einer Geste oder stummen Spielszene auszudrücken. Ihr werdet das später vorführen und die anderen müssen raten, was ihr meint. Sucht euch irgendwo einen Platz, wo ihr kurz proben könnt.

Da steht ein Kelch. Er ist ein altes, ausdrucksvolles Zeichen für menschliche Gemeinschaft. Wie Freunde, wie eine Familie, ja wie eine Mannschaft, die gesiegt hat, so trinken wir alle aus diesem Kelch. Wir stehen nicht allein da vor Gott, sondern in der Gemeinschaft vieler Christen. Deshalb auch im Bekenntnis jenes Wort von der „Gemeinschaft der Heiligen", derer, die zu Gott gehören. Der Kelch schafft Zusammengehörigkeit vor Gott und Gemeinschaft unter uns über alle Unterschiede hinweg wie von Bildung und Besitz, von Einfluß und Rang, von Begabung, Alter und Hautfarbe. Manchmal ist es ein sehr alter Kelch. Da haben sie sich gestärkt, die Reihen der Vorfahren in unserer Stadt, in unserem Dorf. Sie legten so wie ich ihre Lippen an das kühle Rund dieses Kelches und wurden getröstet und froh! Gemeinschaft der Heiligen! Jeder von uns bekommt seinen Platz zum Trinken an diesem Kelch. Sein Rand wird gedreht, jedesmal neu gereinigt vom Tuch, mit Alkohol getränkt. Es ist der Kelch der Gemeinschaft.

Heinrich Herrmanns, Kommt, das Mahl der Kirche, Gedanken und Einladung zum Abendmahl
© Agentur des Rauhen Hauses, Hamburg 1993

Das Brot ist der Himmel.

Wie du das Brot nicht allein haben kannst,

mußt du das Brot mit den anderen teilen.

Das Brot ist der Himmel.

Wie der Anblick der Sterne am Himmel allen gemein ist,

mußt du das Brot mit den anderen zusammen essen.

Das Brot ist der Himmel.

Kommt das Brot in deinen Mund hinein,

nimmt dein Körper den Himmel auf.

Das Brot ist der Himmel.

Ja, das Brot muß man teilen.

Kim Chi Ha

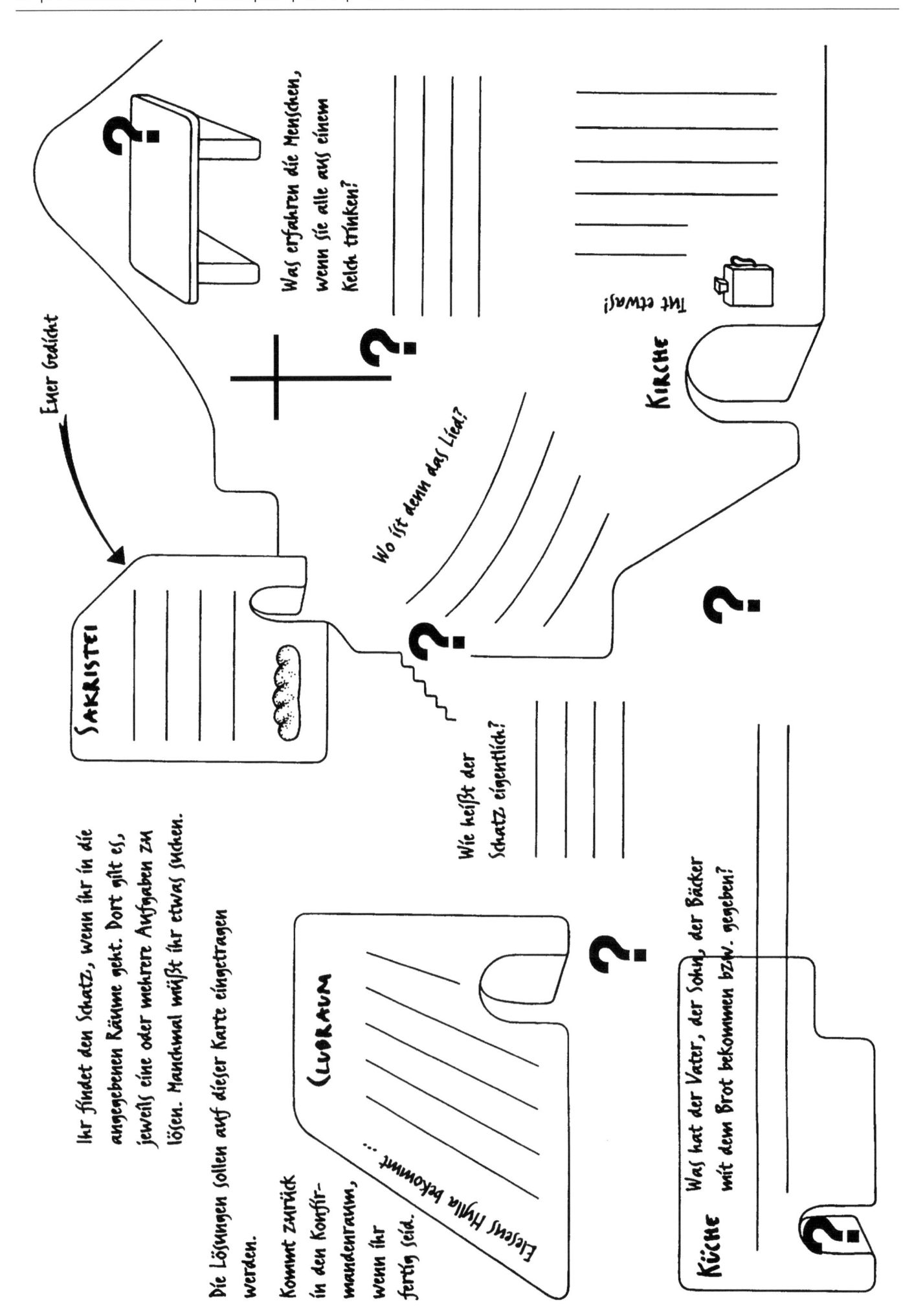

38 | Arbeitsmaterialien | Schatzplan | **M6** | Das Abendmahl

SAKRISTEI

Euer Gedicht

Was erfahren die Menschen, wenn sie alle aus einem Kelch trinken?

Wo ist denn das Lied?

KIRCHE

Tut etwas!

Wie heißt der Schatz eigentlich?

(CHOR)RAUM

Einsends Hulla bekommt ...

KÜCHE

Was hat der Vater, der Sohn, der Bäcker mit dem Brot bekommen bzw. gegeben?

Ihr findet den Schatz, wenn ihr in die angegebenen Räume geht. Dort gilt es, jeweils eine oder mehrere Aufgaben zu lösen. Manchmal müsst ihr etwas suchen.

Die Lösungen sollen auf dieser Karte eingetragen werden.

Kommt zurück in den Konfirmandenraum, wenn ihr fertig seid.

Textkarten
für eine kurze Spiel- und Memorierrunde zu Lk 24,13-35

( ) Zwei Jünger waren auf dem Weg in ein Dorf mit Namen Emmaus. / Sie sprachen miteinander über all die Dinge, die sich ereignet hatten.	( ) Da kam Jesus hinzu und ging mit ihnen. / Doch sie waren wie mit Blindheit geschlagen, so daß sie ihn nicht erkannten.
( ) Er fragte sie: Was besprecht ihr miteinander? Da blieben sie traurig stehen.	( ) Der eine von ihnen mit Namen Kleopas antwortete: Weißt du denn nicht, was in Jerusalem geschehen ist?
( ) Er fragte sie: Was denn? Sie antworteten: Das mit Jesus von Nazareth. Er war ein Prophet.	( ) Doch unsere Hohenpriester und Führer haben ihn ans Kreuz schlagen lassen. Wir aber haben gehofft, er wird Israel erlösen.
( ) Und heute morgen haben einige Frauen aus unserem Kreis erzählt, daß sein Grab leer sei. / Ein Engel sei erschienen und hätte gesagt: Jesus lebt.	( ) Da sprach Jesus zu ihnen: Begreift ihr denn nicht, was die Propheten gesagt haben? / Und er erklärte ihnen aus der Bibel, warum Jesus leiden und sterben mußte.
( ) So erreichten sie das Dorf, und es war schon spät. Da baten sie Jesus, bei ihnen zu bleiben.	( ) Als sie zu Tisch saßen, nahm Jesus das Brot, dankte Gott, brach es und gab es ihnen.
( ) Da gingen ihnen die Augen auf, und sie erkannten, daß es Jesus war.	( ) Danach sahen sie Jesus nicht mehr.
( ) Noch in der gleichen Stunde gingen sie zurück nach Jerusalem, um alles den Jüngern zu erzählen.	( ) Als sie dort ankamen, hörten sie, daß Jesus auch dem Simon erschienen war. / Da berichteten sie, wie sie Jesus erkannten, als er das Brot brach.

Diese 14 Textkarten müssen für die eigene Gruppengröße präpariert werden. Manche Karten lassen sich noch einmal „teilen", wenn es mehr als 14 Konfirmandinnen und Konfirmanden sind. Das ist jeweils durch Schrägstriche im Text kenntlich gemacht. Ist die Gruppe kleiner, können einzelne Textabschnitte zusammengelegt werden.

In sehr kleinen Gruppen kann vielleicht nur ein Teil der Geschichte gespielt werden. Der Rest wird dann, wie oben vorgeschlagen, beim gemeinsamen Lesen erarbeitet.

Auf jeden Fall müssen die obenstehenden Textkarten in der Reihenfolge des Textes durchnummeriert werden. Dazu ist der Platz in den leeren Klammern gedacht.

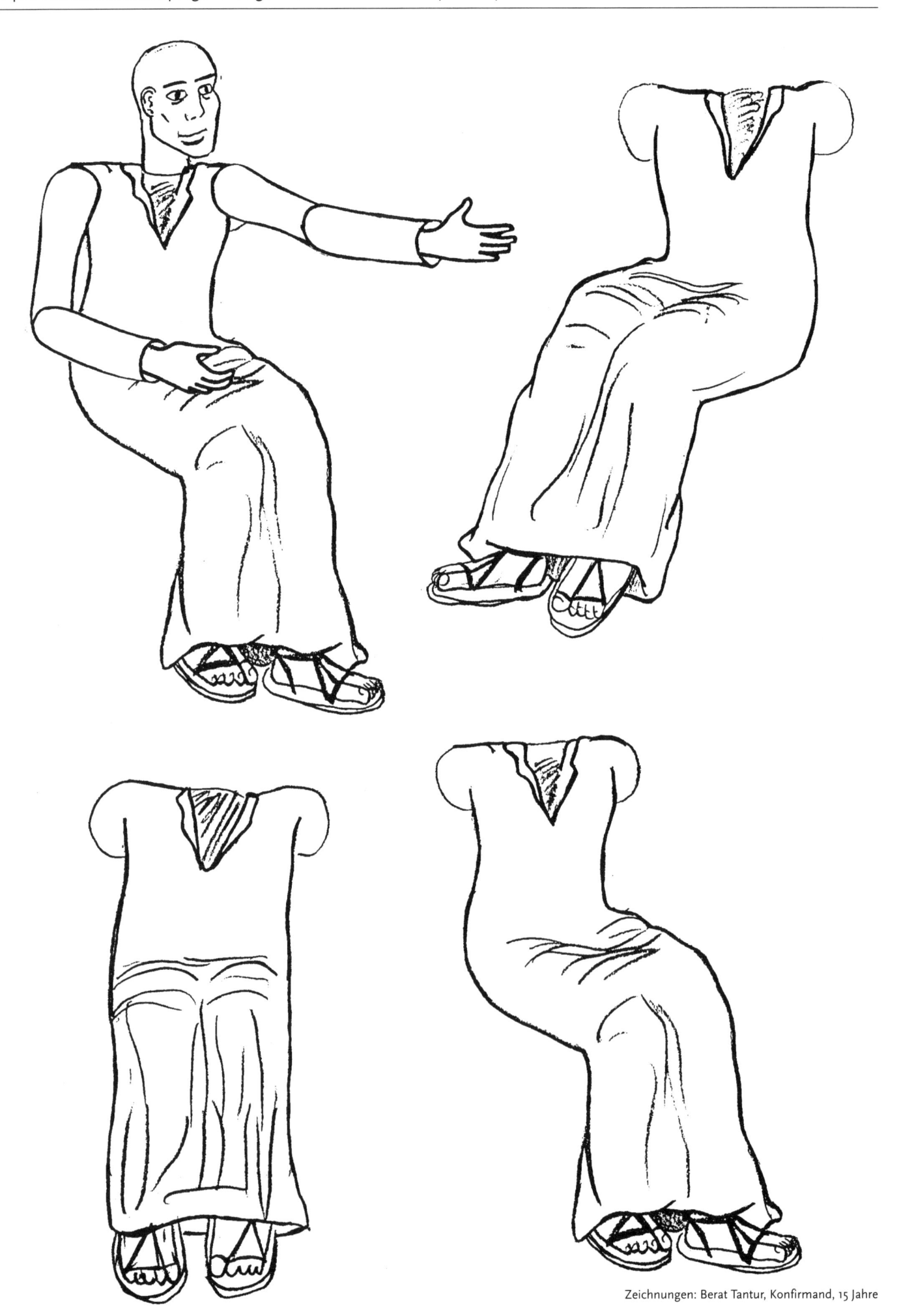

40 | **Arbeitsmaterialien** | Figurenbogen zum Ausschneiden | **M9** | **Das Abendmahl**

Zeichnungen: Berat Tantur, Konfirmand, 15 Jahre

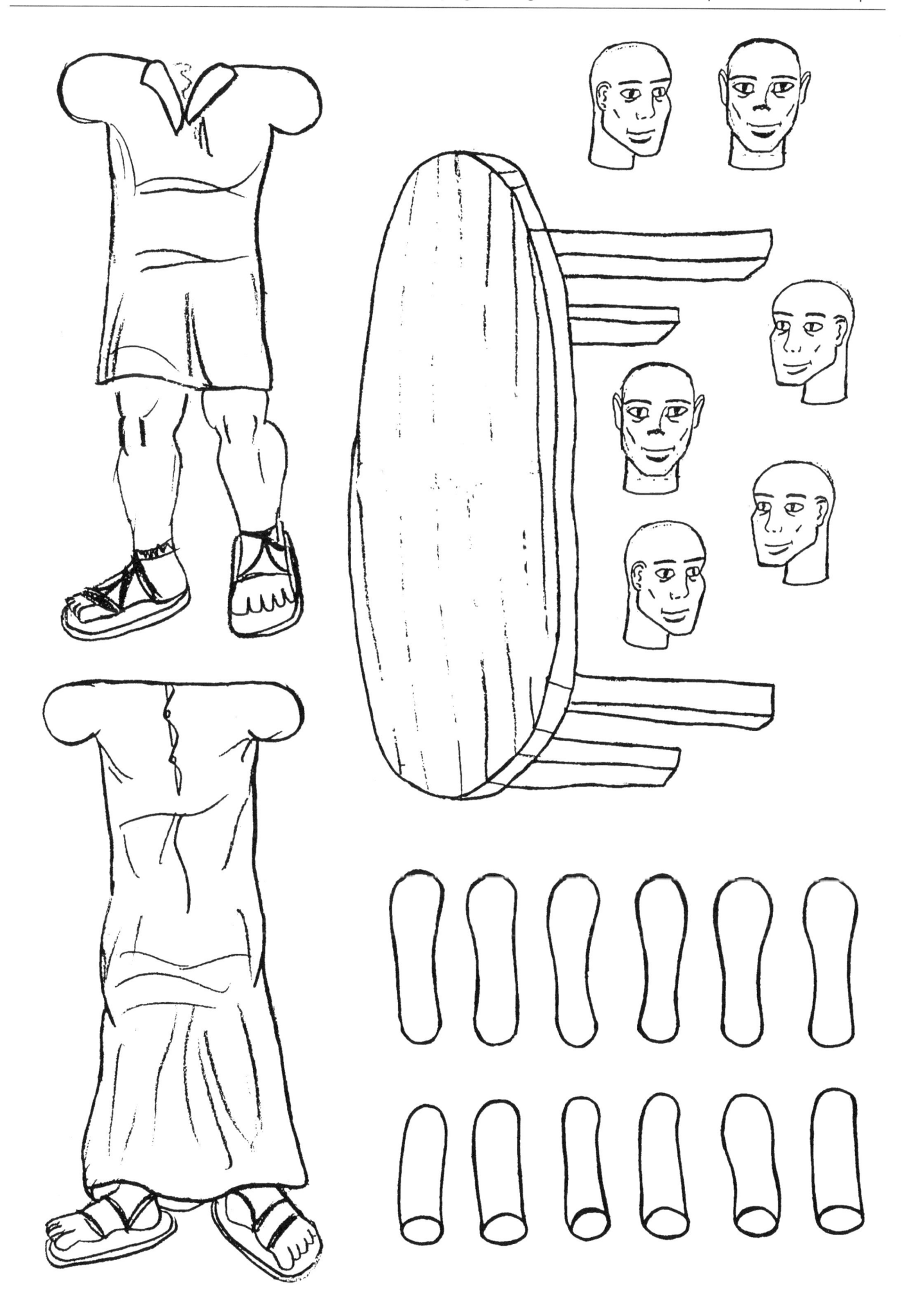

Das Abendmahl | **M9** | Figurenbogen zum Ausschneiden | **Arbeitsmaterialien**

Lieder zum Abendmahl

Nehmet einander an

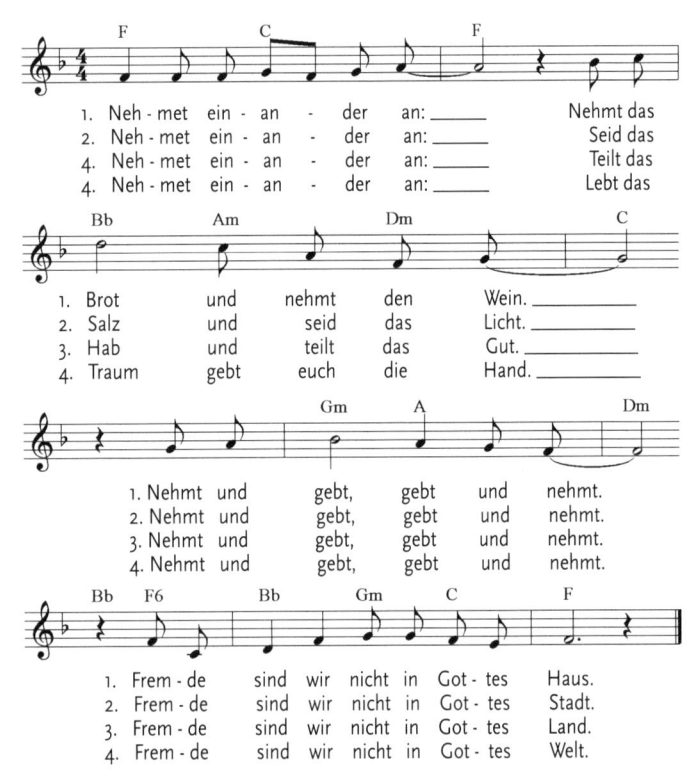

1. Nehmet einander an: Nehmt das Brot und nehmt den Wein. Nehmt und gebt, gebt und nehmt. Fremde sind wir nicht in Gottes Haus.
2. Nehmet einander an: Seid das Salz und seid das Licht. Nehmt und gebt, gebt und nehmt. Fremde sind wir nicht in Gottes Stadt.
3. Nehmet einander an: Teilt das Hab und teilt das Gut. Nehmt und gebt, gebt und nehmt. Fremde sind wir nicht in Gottes Land.
4. Nehmet einander an: Lebt das Traum gebt euch die Hand. Nehmt und gebt, gebt und nehmt. Fremde sind wir nicht in Gottes Welt.

Text: Hans-Jürgen Netz; Melodie: Christoph Noetzel

Du bist das Brot

Du bist das Brot, das den Hunger stillt.
Du bist der Wein, der die Krüge füllt.
Du bist das Leben, du bist das Leben,
du bist das Leben, Gott.

Text: Thomas Laubach; Melodie: Thomas Nesgen

Zwischen Kreuz und Auferstehung

1. Zwischen Kreuz und Auferstehung,
zwischen Finsterwelt und Tag,
zwischen Angst und heller Freiheit
leben wir, leben wir.
2. Zwischen sinnlos Leid und Freude,
zwischen Schmerz und warmem Trost,
zwischen Flut und Regenbogen
leben wir, leben wir.
3. Zwischen Schuldlast und Vergebung,
zwischen Not und helfend Heil,
zwischen Blutgewalt und Frieden
leben wir, leben wir.
4. Zwischen Trostlosnacht und Hoffnung,
zwischen Widersinn und Sinn,
zwischen Kreuz und Auferstehung
leben wir, leben wir.

Text: Kurt Rose; Melodie: Wolfgang Teichmann; Rechte bei den Autoren

Weitersagen! Weitersagen

Weitersagen! Weitersagen! Jesus war ans Kreuz geschlagen.
Jesus war zu Grab getragen. Auferstanden nach drei Tagen.

Text: R. Krenzer; Melodie: Peter Janssens,
alle Rechte im Peter Janssens Musik Verlag, Telgte

Bleib bei uns, hilf uns tragen

Bleib bei uns, hilf uns tra-gen, und laß uns jetzt nicht al-lein,
wa-che und be-te und bleibe, bald wird es dun-kel sein. Die
Hoffnung wächst unter den Brü-dern auch mit-ten in die-ser Nacht. Die
Hoffnung wächst unter den Brüdern und hat uns zu Men-schen gemacht.

Bleib bei uns, hilf uns tragen, und laß uns jetzt nicht allein,
wache und bete und weine, bald wird es dunkel sein.
Denn Trost wächst unter den Brüdern auch mitten in dieser Nacht.
Denn Trost wächst unter den Brüdern und hat uns zu Menschen gemacht.

Bleib bei uns, hilf uns tragen, und laß uns jetzt nicht allein,
wache und bete und kämpfe, bald wird es dunkel sein.
Gerechtigkeit wächst unter den Brüdern auch mitten in dieser Nacht.
Gerechtigkeit wächst unter den Brüdern und hat uns zu Menschen gemacht.

Bleib bei uns, hilf uns tragen, und laß uns jetzt nicht allein,
wache und bete und liebe, bald wird es dunkel sein.
Denn Frieden wächst unter den Brüdern auch mitten in dieser Nacht.
Denn Frieden wächst unter den Brüdern und hat uns zu Menschen gemacht.

Bleib bei uns, hilf uns tragen, und laß uns jetzt nicht allein,
wache und bete und glaube, bald wird es dunkel sein.
Der Herr lebt unter den Brüdern auch mitten in dieser Nacht.
Der Herr lebt unter den Brüdern und hat uns zu Menschen gemacht.

Text: J. Fliege; Melodie: H. Clausen

Einsam bist du klein

Ein-sam bist du klein, a-ber ge-
mein-sam wer-den wir An-walt des Le-ben-di-gen
sein, ein-sam bist du klein, a-ber ge-
mein-sam wer-den wir An-walt des Le-ben-di-gen
sein, ein-sam bist du klein.

Text: Friedrich Karl Barth und Peter Horst; Melodie: Peter Janssens
aus: Ich liebe das Leben, 1981,
alle Rechte im Peter Janssens Musik Verlag, Telgte

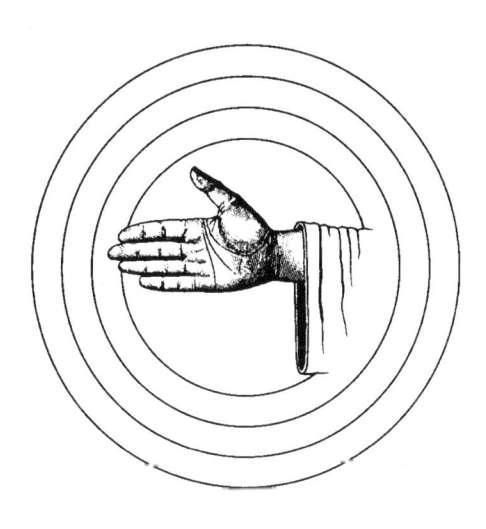

Manchmal feiern wir mitten im Tag

1. Manchmal feiern wir mitten im Tag, ein Fest der Auf-er-stehung.
1. Manchmal feiern wir mitten im Wort, ein Fest der Auf-er-stehung.
1. Manchmal feiern wir mitten im Streit, ein Fest der Auf-er-stehung.
1. Manchmal feiern wir mitten im Tun, ein Fest der Auf-er-stehung.

1. Stunden werden ein-geschmolzen, und ein Glück ist da. da.
2. Sät-ze werden auf-gebrochen, und ein Lied ist da. da.
3. Waf-fen werden um-geschmiedet und ein Friede ist da. da.
4. Sperren werden ü-bersprungen, und ein Geist ist da. da.

Text: Alois Albrecht; Melodie: Peter Janssens
aus: Ihr seid meine Lieder, 1974,
alle Rechte im Peter Janssens Musik Verlag, Telgte

Richte unsre Füße

Kanon zu 3 Stimmen

1. Rich-te uns-re Fü-ße auf den Weg des Frie-dens.
2. Seg-ne je-den Schritt, gu-ter Gott.
3. Seg-ne, seg-ne je-den Schritt.

Text: Eugen Ekert; Melodie: Torsten Hampel aus CD/MC »Blatt um Blatt«,
© HABAKUK, Frankfurt a.M.

KU zu den 5 Hauptstücken des Kleinen Katechismus | Ein Arbeitsbuch zu »Denk mal nach ... mit Luther«

Im Auftrag des Rates der Evangelischen Kirche der Union
Herausgegeben von der Kirchenkanzlei der EKU

Erarbeitet von Christian Witting, Ulrike Baumann, Dietmar Gerts und Olaf Trenn
unter Mitarbeit von Marion Gardei und Dr. Reinhard Kirste

Olaf Trenn
BEICHTE UND VERGEBUNG
Tag der offenen Tür

EINFÜHRUNG 49

Die beiden Seiten einer Tür 51
Die Konfirmandinnen und Konfirmanden beschäftigen sich während einer
➜ *Schreibmeditation* mit dem, was die Beziehungen von Menschen behindert
und fördert. Dabei lernen sie die Tür als Symbol für (verschließende) Schuld
und (eröffnende) Vergebung kennen. Anhand der ➜ *biblische Geschichte* vom
Erscheinen des Auferstandenen im Jüngerkreis (Joh 20,19-23) entdecken sie,
wie Jesus Neuanfänge für seine ›verschlossenen‹ Freundinnen und Freunde
ermöglicht.

Der Weg hinein 55
Die merkwürdigen ➜ *Gegenstände* aus W. Mattheuers Bild »Geh aus deinem
Kasten« regen die Konfirmandinnen und Konfirmanden an, im Schutze
kleiner ➜ *Rollenspiele* einem Partner / einer Partnerin Begebenheiten zu
erzählen, in denen jemand schuldig wurde. Gemeinsam diskutieren sie
mögliche Verhaltensmuster angesichts von Schulderfahrungen.

Der Weg hinaus 57
Das Bild W. Mattheuers, »Geh aus deinem Kasten«, wird betrachtet und ist
assoziativer Hintergrund für eine anschließende ➜ *Gedankenreise*,
in welcher die Konfirmandinnen und Konfirmanden in ihrer Phantasie den
Weg hinaus aus der (eigenen) Schuldkammer und hinein in einen von
Vergebung umgriffenen Frei-Raum beschreiten. Das ›Gesehene‹ kann
aufgemalt und dann auch besprochen werden.

EIN KONFIRMANDENGOTTESDIENST 62
Tag der offenen Tür
Anregungen für die Gestaltung eines Konfirmationsgottesdienstes
Mit Erwachsenen 64

Einführung

Alles, was Menschen trennt
  von Gott,
  voneinander,
  von sich selbst,
  von allem, was lebt,
  nennen Christen Sünde.

Überall, wo Sünde geschieht,
  werden Menschen schuldig
  an Gott,
  aneinander,
  an sich selbst,
  an allem, was lebt.

Derjenige, der Menschen wieder verbindet
  mit Gott,
  miteinander,
  mit sich selbst,
  mit allem, was lebt,
  heißt Jesus Christus.

Überall, wo er Vergebung schenkt,
  werden Menschen befähigt,
  wieder Beziehung aufzunehmen
  zu Gott,
  zueinander,
  zu sich selbst,
  zu allem, was lebt.

Jesus Christus ist die Verbindungstür zu einem Leben,
  das Beziehungen wieder ermöglicht,
  die durch Schuld und Sünde in die Brüche gegangen sind.

Denn als Jesus von uns Menschen zum Tode am Kreuz verurteilt wurde und starb,
  blieb er selbst da noch in Verbindung mit Gott
  und brach seine Beziehungen zu uns Menschen nicht ab.

Allen Prinzipien von Rache und Vergeltung zum Trotz,
  öffnete er in seinem Sterben und Tod erneut die Tür zu einem Leben bei Gott.
  Durch diese Tür können wir eintreten, jederzeit.
  Das hat Gott unwiderruflich bestätigt, indem er Jesus auferweckt hat.

In seiner Nähe heilen alle Beziehungen,
  die Menschen so nötig zum Leben brauchen:
  Die Beziehung zu Gott,
  die Beziehung zu unseren Mitmenschen,
  die Beziehung zu uns selbst,
  die Beziehung zu allem, was lebt, – unserer Umwelt.

Vor allem mit und durch Menschen, die im Geiste Jesu handeln und uns seine Vergebung zusprechen, erfahren wir seine Nähe. Und wo immer Beziehungen heilen,
  befinden wir uns bereits auf der anderen Seite der Türschwelle. Jesus selbst hat von sich als von einer solchen Tür gesprochen, als er sagte:
  »*Ich bin die Tür; wenn jemand durch mich hineingeht, wird er selig werden und wird ein- und ausgehen und Weide finden.*« (Joh 10,9)

Dieses Ein- und Ausgehen bezeichnet keine Unentschiedenheit.
  Jesu Hausgäste sind in aller Freiheit dazu gerufen, alles, was in der Welt geschieht, wahrzunehmen und dafür Sorge zu tragen, daß überall da Verbindung und Verbindlichkeit wachsen, wo Zertrennung und Gleichgültigkeit herrschen. Zu einem solchen Blick in die Welt gehört auch die Beschäftigung mit dem je eigenen Leben, mit der je eigenen Vergangenheit und Gegenwart. Es wird sich in Sachen Schuld und Sünde von anderen Leben nicht wirklich unterscheiden.
  Zu den vielen Möglichkeiten der Aussprache vor Gott und den Menschen unseres Vertrauens über das, was wir dabei an uns selbst beobachten können, gehören auch die verschiedenen Angebote der Beichte (Beichtgebete, Beichtgottesdienste, Einzelbeichten, Beichtgespräche).
  Jede Person wird selbst entscheiden müssen, ob und wenn ja, welche dieser Möglichkeiten zum eigenen Glaubensleben dazugehört.

Sich jedoch dazu zu bekennen, in der Tat schuldig geworden zu sein (und so manches Mal noch schuldig zu werden)
  vor Gott,
  vor den Menschen,
  vor sich selbst,
  vor allem, was lebt,
  sollte angesichts der Tatsache, daß Jesus Vergebung schenkt, Neuanfänge ermöglicht und wir durch ihn (als die Tür) ein- und ausgehen, keine unüberwindbare Schwierigkeit darstellen.

In keinem Falle jedoch stellt die Beichte eine conditio sine qua non zum Einlaß durch die Tür Jesu Christi dar. Sie ist entweder echtes Anliegen, das eine geeignete Gestalt sucht, oder sie ist tunlichst zu vermeiden. Mag sein, daß schon so manch einem Menschen erst nach langer Zeit im Hause Jesu Christi der Wunsch in den Sinn gekommen ist, ganz konkret und ganz persönlich vom Werkzeug der Beichte Gebrauch zu machen ...

50 | Einführung | Beichte und Vergebung

Die vorliegende Unterrichtseinheit beschäftigt sich aus o.a. Gründen nicht mit *Beichte* und Vergebung, sondern mit *Vergebung* und Beichte. Ziel ist es, den Jugendlichen ein Vokabular für die theologisch reich gefüllten Begriffe von Sünde, Schuld und Vergebung zu erschließen; für ein Unterrichtsgespräch über die Möglichkeiten von Beichtgebeten, Beichtgottesdiensten, Einzelbeichten und Beichtgesprächen stellt das KonfirmandInnen-Buch »Denk mal nach ... mit Luther« genügend Texte für interessante Unterrichtsgespräche zur Verfügung.

Auf Seite 222 ist, als einziges biblisches Zeugnis zum Katechismustext Luthers, Joh 20, 19-23 aufgeführt. Die entsprechende Stelle aus dem Evangelium nach Matthäus (Mt 16,19) fehlt hier. Dafür ist die Erscheinung des Auferstandenen im Kreise der Jünger sowie deren Bevollmächtigung nach Johannes insgesamt angeführt. Luther zitiert nur die Verse 22b.23. Weil jedoch in der angeführten Perikope nach Johannes das Erscheinen Jesu trotz der verschlossenen Türen ein wesentliches Interpretament von Beichte und Vergebung symbolhaft ausgestaltet (s.u. zum Symbol »Tür«), scheint es mir sinnvoll, mit dieser biblischen Geschichte im Unterricht zu arbeiten.

➔ **Problemanzeige:** Die Worte »aus Furcht vor den Juden« (Joh 20,19) sind auf dem Aufgabenblatt zur Bibelarbeit dieser Unterrichtseinheit (vgl. **M 3**) im Gegensatz zu »Denk mal nach ...«, S. 222 bewußt ausgelassen. Die Problematik möglicher Antijudaismen gerade auch im Evangelium nach Johannes läßt es geboten erscheinen, nicht unreflektiert einen ›Nebenschauplatz‹ zu öffnen, der im Verlaufe der geplanten drei Unterrichtsstunden nur am Rande gestreift werden kann. Die höchst problematische Fragestellung der Beurteilung des jüdischen Volkes in den Schriften des Neuen Testamentes würde zwar aufgeworfen, jedoch nicht angemessen behandelt, so daß sie mir in anderen unterrichtlichen Zusammenhängen wesentlich besser aufgehoben zu sein scheint. Zu überlegen wäre daher, ob nicht gerade die Beschäftigung mit Vergebung, Beichte, und Sünde zu einem Themenkreis überleitet, der konkrete Schuld in historischen Dimensionen aufzeigt und zur Diskussion stellt. Das Darmstädter Schuldbekenntnis des Bruderrates der Evangelischen Kirche in Deutschland vom 8. August 1947, das am Ende des Kapitels ›Beichte und Vergebung‹ auf Seite 229 des Buches »Denk mal nach ...« abgedruckt ist, kann dafür ein möglicher Anknüpfungspunkt sein.

Unterstützung erfährt meine Entscheidung für die Verwendung von Joh 20, 19-23 durch die Abbildung »Geh aus deinem Kasten« von Wolfgang Mattheuer, die auf den Seiten 224 und 225 als zentrales Medium für die unterrichtliche Beschäftigung mit dem Katechismusthema »Beichte und Vergebung« gedacht ist.

Die in diesem Gemälde abgebildete offene Tür, in der von außen (!) noch der Schlüssel steckt und die, nach innen geöffnet (!), die Flucht aus dem heillosen Chaos ermöglicht, kann im Verlaufe der ausgeführten Unterrichtseinheit eine Verstehenshilfe dafür sein, was es für Christen heißt, daß Jesus die Tür ist
zu Gott,
zu den Mitmenschen,
zu mir selbst,
zu allem, was lebt.

Das Ich-bin-Wort von der Tür könnte sich in bezug auf das Thema »Beichte und Vergebung« dann auch so anhören:

Jesus spricht:
»Ich bin die Tür, durch die du gehst.
Ich öffne mich für dich.
Ich zeige dir Auswege aus Einsamkeit, Schuld und Verkrümmung.
Ich schließe hinter dir die Sünden zu.
Ich stelle erneut Verbindungen zu dir und für dich her.
Jetzt kannst du wieder Beziehungen aufnehmen
zu Gott,
zu deinen Mitmenschen,
zu dir selbst,
zu allem, was lebt.
Auch kannst du in Ruhe betrachten, was hinter dir liegt.
Ich gebe dir Gelegenheit, all das gelassen anzuschauen, was dich einsam, schuldig und verkrümmt gemacht hat.
Wenn du willst, kannst du mir alles erzählen, das, was gewesen ist, und das, was dich jetzt noch belastet.
Ein Mensch, dem du vertraust, kann dir dabei zuhören.
Aber das ist deine Entscheidung.«

Die beiden Seiten einer Tür

1. Stunde

Die beiden Seiten einer Tür

ZUM SYMBOL DER TÜR

☞ **Eine Tür bezeichnet in erster Linie die Öffnung in einer Mauer,** als einzig sinnvoller Durchgang durch eine Wand, ist sie Haus-, Wohnungs- , Zimmer-, Verbindungs-, Ofen- oder Falltür. Gefertigt wird sie aus einer Assemblage hölzerner Bretter, aus Eisen, aus Glas oder Kunststoff, zuweilen auch aus Papier oder Pappe (man denke da nur an die 24 Türchen im Adventskalender). In der Regel jedoch funktioniert sie mit Angeln, Bändern oder Scharnieren, die sich öffnen oder schließen lassen; sie besitzt meist eine Klinke oder einen Knauf und natürlich das Türschloß. Sie ermöglicht Zugang, Durchgang, Ausgang und Fluchtweg, ist aber auch Grenze, Sperre, Hindernis, Barriere und Trennwand. Je nachdem, wo innen und außen, wer Besitzer oder Gast ist, wer die Schlüsselgewalt ausübt oder unter ihr zu leiden hat, verbinden sich mit der Tür Gefühle von Geborgenheit oder Furcht, Gemütlichkeit oder Beengtheit, entspannter Privatheit oder schutzlosen Ausgeliefertseins. »Alles hat seine zwei Seiten« – zumindestens in Sachen Tür scheint diese Trivialweisheit ohne Wenn und Aber in Geltung zu stehen; doch mit den vielen und zuweilen konträren Bedeutungsgehalten, die sich mit dem Gegenstand und Begriff »Tür« verbinden, haben wir bereits den Übergang zum Symbol »Tür« vollzogen. Sie löst etwas in uns aus: Neugier, Interesse, Wut, Argwohn, Sicherheit, geheime Sehnsüchte, Ohnmacht, Neuanfang. Das Wissen um ihre Symbolhaftigkeit wurde schon in alten Kulturen und vielen Märchen genutzt, um Emotionen und Ereignissen, Einstellungen und Wahrheiten angemessenen Ausdruck zu verleihen.

Die Pforten eines ägyptischen Tempels bezeichnen einen mehrfach unterteilten Weg, sie trennen Bekanntes von Unbekanntem, das Diesseits vom Jenseits. Ein gleiches gilt seit alters her für jedes Wohnhaus. Auch dort finden sich durch Türen getrennte wie verbundene Zonen des Heiligen und des Profanen. Die Eingangstür des römischen Hauses war dem Gotte Janus geweiht, der mit seinen zwei Gesichtern die beiden Seiten der Schwelle überschaut. Aber auch ganz ohne Haus stellten die Römer Tore oder Triumphbögen in die Mitte ihrer Foren und begingen durch sie hindurch Neuanfang und Beendigung meist kriegerischer Unternehmungen. Bis in unsere Zeit hinein ragen ganz unterschiedliche Schwellenbräuche bei Einzug, Umzug, Hochzeit oder Haussegnung. Sogar der heute psychologisch gebrauchte Begriff der »Schwellenangst« hat seine Ursprünge in archaischen Wurzelgründen. Über private Häuser hinaus sind die Tore aller öffentlichen Gebäude und Anlagen stets besonders gestaltet – ursprünglich, um böse Außenwelteinflüsse abzuwehren und die Segensfülle des inneren Lebens zu gewährleisten.

Portale jüdischer wie christlicher Sakralbauten werden als Zugänge zur göttlichen Heilsoffenbarung verstanden. Nach dem Johannesevangelium ist Christus selbst die Tür zu einem Leben bei Gott (Joh 10,9). Unzählige Male ist er im Tympanon, dem ausgestalteten Bogenfeld über Kirchenportalen, segnend, triumphierend oder sendend abgebildet. Denn er gewährt und verwehrt den Zugang zum Paradies. Und wo an der Seite einer Kirchentür Simon Petrus mit riesigem Schlüssel dargestellt ist, wird gemäß Mt 16,19 an die Binde- und Lösegewalt des ersten Jüngers erinnert, die Jesus, liest man zwei Kapitel weiter, auf die gesamte Gemeinde Jesu Christi überträgt (Mt 18,18). Zu dieser himmlischen Schlüsselgewalt bevollmächtigt und mit der Gabe des Heiligen Geistes begabt (Joh 20,22), versehen Christen in der Welt einen Türhüterdienst am Reiche Gottes, der – so scheint es mir – stets in Gefahr steht, als Machtmittel gegen andere mißbraucht, statt als menschenfreundliche Einladung Gottes zu Umkehr und Vergebung angeboten zu werden.[1]

---

1 Vgl. zum Symbol Tür: **H. Halbfas, Religionsunterricht in der Grundschule,** Lehrerhandbuch 1, 4. Aufl. 1989, die Seiten 311ff.

52 | Beichte und Vergebung | Die beiden Seiten einer Tür

Absicht
Die Konfirmandinnen und Konfirmanden beschäftigen sich mit dem, was menschliche Beziehungen behindert und fördert. Sie diskutieren die Ursachen dafür und lernen währenddessen die Tür als ein Symbol für gelingende und mißlingende Beziehung, sowie für (verschließende) Schuld und (eröffnende) Vergebung kennen. Indem sie sich mit der biblischen Geschichte vom Erscheinen des Auferstandenen im Jüngerkreis (Joh 20,19-23) beschäftigen, benennen sie auch verschiedene Umgangsformen für die Ermöglichung von Neuanfängen, wie Jesus sie angesichts von Beziehungsabbruch und gestörter Kommunikation seinen ›verschlossenen‹ Freundinnen und Freunden eröffnet.

Material
- Zwei Packpapierbahnen (oder Tapetenreste für die beiden Seiten der Zimmertür
- Klebeband
- Zwei dicke Filzstifte (z.B. Rot und Grün)
- Liederblätter (**M1**)
- **M 2(A)** als Kartensatz
- Evtl. auch **M 2(B)** als Kartensatz mit den Namen der Konfirmandinnen und Konfirmanden
- Aufgabenblätter mit Joh 20,19-23 für die Arbeit in Kleingruppen (**M3**) oder Textplakat bzw. Tafelanschrieb des entsprechenden Bibeltextes (ohne: »aus Furcht vor den Juden«, vgl. die Einführung) bei einem Plenumsgespräch
- **M 4** und **M 5** (evtl. auf Din A3 vergrößert oder auf Plakate abgeschrieben)

Vorbereitungen
- Die Tür des Unterrichtsraums wird innen und außen mit Packpapier beklebt, sie sollte vom Stuhl(halb)kreis aus gut sichtbar sein.
- (Am besten ist es, wenn sich die Zimmertür nach innen öffnen läßt, so daß sich alles, was auf die Tür geschrieben wird, vom Rauminneren aus gut lesen läßt: Die Innenseite bei geschlossener Tür, die Außenseite bei weit geöffneter Tür.)

Zeit
90 Minuten

Verlauf

1. Kanon zu Beginn: *Alle eure Sorgen (M1)*
Den Kanon einüben, dabei die kleine rhythmische Hürde am Ende der ersten Zeile gemeinsam meistern, den Kanon mehrere Male einstimmig singen, evtl. auch schon probieren, ihn in zwei Gruppen zu singen: Die 2. Gruppe setzt ein, wenn die erste die dritte Zeile beginnt.

2. Was Menschen trennt und verbindet
Eine Schreibmeditation
- Schaut euch noch einmal den Liedtext an! Etwas Ähnliches werden wir jetzt ausprobieren, indem wir gemeinsam die beiden Seiten unserer Zimmertür beschriften. Dabei bekommt jede Seite der Tür eine eigene Überschrift.

Der/die Unterrichtende schreibt auf die Innenseite der Tür (mit Rot) die Worte

»Alles, was Menschen trennt«

und auf die Außenseite der geöffneten Tür (mit Grün):

»Alles, was Menschen verbindet«.

- Für die beiden Seiten der Tür gibt es je nur einen Stift: für innen Rot, für außen Grün. Es können also höchstens zwei von uns gleichzeitig etwas aufschreiben. Das brauchen im übrigen keine ganzen Sätze zu sein. Oft reichen einzelne Wörter oder Begriffe. Wer etwas aufschreibt, kann sich auf Äußerungen beziehen, die bereits auf der einen oder anderen Seite der Tür stehen, muß es aber nicht. Es darf alles geschrieben werden, was uns zu den beiden Überschriften einfällt; doch wäre es nicht verkehrt, das, was wir schreiben, den anderen zum Schluß auch erklären zu können. Wichtig ist es, daß wir während der nächsten 5 bis 10 Minuten nur das Allernötigste reden. Bitte kommentiert nicht, was ihr lest oder schreibt. Das können wir anschließend tun. Wenn ihr etwas nicht lesen könnt, schaut es euch – still – aus der Nähe an. Fragt notfalls leise nach. Habt ihr noch Fragen? (...) Dann kann es losgehen.

Für diese Schreibmeditation auf den beiden Seiten der Zimmertür muß ausreichend Zeit zur Verfügung stehen. Nicht jede Konfirmandengruppe beginnt sofort mit dem Beschriften der Packpapierbahnen. Evtl. muß erst eine anfängliche Scheu überwunden werden – also nicht zu schnell einen eigenen Begriff anschreiben! Falls zunächst nur die Innen- oder nur die Außenseite der Tür beschriftet wird, ist das völlig in Ordnung. Evtl. ergibt sich nach einigen Minuten die Gelegenheit, über bereits aufgeschriebene Begriffe den Dialog mit der anderen Seite der Tür zu beginnen. Gegen Ende der Schreibmeditation ruhig anfragen, ob noch jemand etwas aufschreiben möchte.

3. Unterrichtsgespräch / Austausch
Evtl. besteht zunächst das Bedürfnis, sich die beschriftete Tür noch einmal aus der Nähe anzuschauen. Dabei bilden sich (oft spontan) kleine Gruppen, die einander auf Begriffe hinweisen und miteinander über das Geschehene ins Gespräch kommen. Dazu sollte dann auch Gelegenheit sein und erst danach zu einem Gespräch mit allen Konfirmandinnen und Konfirmanden übergeleitet werden. Vielleicht gibt es ja bereits einzelne Anknüpfungspunkte durch den informellen Austausch.

▼ Im folgenden sind verschiedene Gesprächsangebote aufgeführt, die im Verlauf des Gesprächs eine Rolle spielen können. Dabei handelt es sich natürlich nicht um einen Aufgabenkatalog, den die KonfirmandInnengruppe abzuarbeiten hätte. Sondern es sind Impulse, die je nach Art und Weise des Gesprächsgangs verstärkt oder eher zurückhaltend eingesetzt werden können.

Es kann gemeinsam erinnert werden,
- wie mir die Schreibmeditation gefallen hat,
- was mir leicht, was mir schwer gefallen ist,
- zu welcher der beiden Seiten mir mehr eingefallen ist und woran das wohl liegen mag.

Vielleicht soll auch noch einmal genannt werden,
- was da im einzelnen auf der Tür steht,
- was mir von dem Geschriebenen einleuchtet,
- was mich irritiert hat / was ich nicht verstanden habe,
- welche eigenen Interpretationen ich dafür finden kann, bevor ich die anderen befrage.

Überlegungen zur *Türinnenseite* könnten sein:
- Wer oder was ist hier von den Trennungen betroffen?
- Wer oder was verursacht sie, ist evtl. sogar Nutznießer?
- Welche Beziehungen werden hier konkret getrennt?
- Wodurch sind sie es im einzelnen?
- Manchmal ist es besser (oder sogar unausweichlich), sich zu trennen.
- Es gibt Trennungen, die (lebens-) notwendig sind.
- Ganz unterschiedliche Arten von (gestörten) Beziehungen sind bereits genannt: z.B. Beziehungen zwischen einzelnen Menschen und Gruppen, Beziehungen zwischen Geschwistern, Freunden, Freund und Freundin, Klassenkameraden, Kindern und Eltern, Generationen, sozialen Schichten, Völkern, Staaten ...
- Es gibt aber auch noch ganz andere Beziehungen, als die zwischen den Menschen: z.B. die Beziehung, die ich zu mir selbst habe, zu meinem Körper etc.; die Beziehung, die ich zu Gott habe; die Beziehung, die ich zur Natur habe, zur Kunst, zur Musik ...
- Muß die Innenseite der Tür jetzt noch um weitere Begriffe ergänzt werden?

Überlegungen zur *Türaußenseite* könnten sein:
- Welche Beziehungen werden hier eröffnet?
- Wer oder was verursacht die Begegnungen (Neuanfänge)?
- Was hilft dabei?
- Gilt das auch für andere Beziehungen? Ihr wißt ja:
- Es gibt ganz unterschiedliche Arten von zwischenmenschlichen Beziehungen.
- Es gibt nicht nur Beziehungen zwischen den Menschen.
- Es gibt Dinge (Einstellungen, Zugehörigkeiten), die verbinden, während sie gleichzeitig Trennungen verursachen ...
- Muß die Außenseite der Tür jetzt noch um weitere Be-
▼ griffe ergänzt werden?

▼ Impulse zum Transfer
- Wie realistisch ist das, was wir hier aufgeschrieben haben?
- Wo findet so etwas (jetzt schon) statt, wo (noch) nicht?
- Was von dem hier hilft konkret den Beziehungen auf der anderen Seite, was nicht?
- Es ist ein und dieselbe Tür, auf die wir alles geschrieben haben.
- Egal, ob die Tür offen oder geschlossen ist, wir sehen immer nur eine Seite.
- Wer verschließt diese Tür eigentlich – im allgemeinen / im besonderen – und für wen?
- Wer öffnet sie – im allgemeinen / im besonderen – und für wen?
- Jeder einzelne von uns hat schon einmal für andere Türen geöffnet oder verschlossen.
- Da gibt es Geschichten, an die wir uns gerne bzw. nur ungern erinnern.

4. In welcher Position befindet sich die Tür?
Ein Experiment

Die Konfirmandinnen und Konfirmanden versuchen, einer konkreten Beziehung, in der sie sich gerade befinden, eine bestimmte Gestalt zu geben. Sie ziehen (verdeckt) je eine Karte aus **M 2 (A)** und bringen nacheinander die Tür des Unterrichtsraums in eine Position, die die entsprechende Beziehung veranschaulichen soll:

- In welcher Position befindet sich die Tür, wenn du in diesem Moment an die Beziehung zwischen dir und N.N. denkst? Ist sie zur Zeit eher verschlossen und undurchsichtig, ist sie vorsichtig angelehnt, einen Spalt breit offen vielleicht, ist sie leicht, weit oder sogar sperrangelweit geöffnet?

Vielleicht muß der / die Unterrichtende zu Beginn ein Beispiel geben und sich selbst an der Aktion beteiligen. Die Stellungen der Tür sollten nicht kommentiert oder gewertet werden. Es geht nicht um die Interpretation anderer, sondern um die Darstellung einer eigenen Beziehung. Wer selbst etwas zu seiner dargestellten Beziehung sagen will, kann es, muß es aber nicht tun. Natürlich ist es auch möglich, eine andere Karte zu ziehen und darzustellen. Wenn die Gruppe das Experiment annimmt und als Chance entdeckt, die eigenen Beziehungen einmal in einem geschützten Raum darzustellen, kann es natürlich wiederholt werden. Der Grad des Vertrauens in der Gruppe und zum / zur Unterrichtenden ermöglicht oder verhindert diesen Arbeitsschritt. Er darf (wie alle sehr persönlichen Äußerungen) in keinem Falle in einer Situation des Mißtrauens oder der Lieblosigkeit durchgesetzt werden und muß zur Not entfallen. Falls es das Gruppenklima zuläßt, können auch die Namen der Mitkonfirmandinnen und -konfirmanden in das Leerfor-
▼ mular **M 2(B)** eingetragen und die Beziehungen innerhalb

der Gruppe einmal mit Hilfe der Zimmertür dargestellt werden. Auch hier sind mehrere Durchgänge vorstellbar. Evtl. besteht im Anschluß an diese Aktion Gesprächsbedarf! Bei Zeitmangel kann die Stunde hier schließen.

5. Hinter verschlossenen Türen
Ein Gespräch im Plenum oder in Kleingruppen
- Ich möchte euch eine kurze Geschichte aus dem Johannesevangelium vorlesen, in der es – wie bei uns heute – um Türen geht. Und weil die Türen in der Geschichte zunächst verschlossen sind, mache ich auch unsere Tür erst einmal zu.

Joh 20, 19-23 vorlesen.

In Konfirmandengruppen, die es gewohnt sind, selbständig oder in Begleitung von Teamern in Kleingruppen zu arbeiten, werden stattdessen die Gruppen eingeteilt und ihnen Räume zur Verfügung gestellt, in denen sie anhand des Aufgabenblattes **M3** den Bibeltext bearbeiten können. Im Anschluß an die Kleingruppenarbeit findet dann zu verabredeter Zeit ein kurzer Austausch im Plenum statt, wobei die einzelnen Gruppen je einen wichtigen Gedanken an die beiden Seiten der Tür schreiben (siehe **M 3**, letzter Satz) und den anderen erläutern.

Falls keine Kleingruppen gebildet werden, können (in Auswahl) die folgenden Anregungen und Impulse das Unterrichtsgespräch strukturieren. Dazu ist es nötig, den Bibeltext als Textplakat oder Tafelanschrieb präsent zu haben.

Zuordnen:
Die zentralen Begriffe der biblischen Geschichte werden genannt, diskutiert, den beiden Seiten der Tür zugeordnet und dazugeschrieben (verschlossene Türen, Furcht, Friede, Sünden erlassen etc.).
Gemeinsam überlegen,
- wie es den Jüngern nach Jesu Tod ergangen sein mag,
- was sie bewogen haben mag, die Türen zu verschließen,
- welche Verbindungen zu Beginn der Geschichte abgebrochen sind.

In Erfahrung bringen, was Jesus unternimmt, um diese Verbindungen wiederherzustellen, und seine einzelnen Schritte einmal genau zu beschreiben versuchen, z.B. wie folgt:
- Jesus ignoriert (durchbricht?) die verschlossenen Türen,
- er grüßt die ›verschlossenen‹ Jünger freundlich
- und gibt sich ihnen zu erkennen,
- er überträgt ihnen eine neue, reizvolle Aufgabe,
- wobei er all sein Vertrauen in sie setzt
- und ihnen wohl auch eine Menge zumutet,
- er schenkt ihnen von seinem Geist
- und führt sie in ihre verantwortungsvolle Aufgabe ein.
Die gefundenen Tätigkeiten können diskutiert und an die geöffnete Tür geschrieben werden.

Zu fragen wäre jetzt noch:
- Lassen sich diese Schritte auf andere Situationen übertragen,
- in denen es darum geht, unterbrochene Beziehungen neu zu knüpfen?
- An welcher Stelle der biblischen Geschichte öffnen sich die Türen wieder für die Jünger?

Abschließend kann darüber nachgedacht werden, welcher der beiden letzten Halbsätze aus der Perikope auf welche Seite der Tür geschrieben werden muß:
- »Welchen ihr die Sünden erlaßt, denen sind sie erlassen.«
- »Welchen ihr die Sünden behaltet, denen sind sie behalten.«

Auch an dieser Stelle wäre es möglich, die Stunde abzuschließen.

Wenn noch Zeit zur Verfügung steht, kann mit der Konfirmandengruppe noch ein weiterer Schritt in Richtung auf das zu gewinnende Verständnis für Sünde und Vergebung gegangen werden. Dazu wird auf der geschlossenen Tür das Plakat **M 4** angebracht:

> »Alles, was Menschen trennt
> von Gott
> voneinander
> von sich selbst
> von allem, was lebt,
> nennen Christen Sünde.«

Nun gilt es,
- Widerspruch bzw. Zustimmung abzuwarten und zu besprechen,
- für Anfragen zur Verfügung zu stehen,
- die Gruppe zu weiterführenden oder ganz eigenen Auslegungen zu ermutigen und zuletzt
- die Definition(en) von Sünde anhand der Begriffe auf der Innenseite der Tür zu überprüfen.

Außerdem kann (auch in Einzel- oder Kleingruppenarbeit) überlegt und notiert werden, wie ein entsprechendes Plakat für die Türaußenseite zu formulieren wäre. Ggf. kann auch das Textplakat **M 5** an der geöffneten Tür angebracht und diskutiert werden.

> »Wenn Jesus Menschen verbindet
> mit Gott,
> miteinander,
> mit sich selbst,
> mit allem, was lebt,
> nennen es Christen Vergebung.

6. Kanon zum Abschluß: *Alle eure Sorge* (M 1)

Der Weg hinein

2. Stunde

Der Weg hinein

Absicht

Angeregt durch W. Mattheuers Bild »Geh aus deinem Kasten« nachempfundenen Gegenständen, überlegen sich die Konfirmandinnen und Konfirmanden Geschichten, in denen Menschen schuldig wurden. So lernen sie das »Vokabular« aus Mattheuers »Schuldkasten« kennen, das sie bei einer Bildbetrachtung (erst) in der darauffolgenden Unterrichtsstunde wiederentdecken werden. Und sie benützen es, um im Schutze von kleinen Rollenspielen über Schuld und Vergebung artikulationsfähig zu werden. Gemeinsam diskutieren sie mögliche Verhaltensmuster im Umgang mit Schuld.

Material und Vorbereitung

Verschiedene Gegenstände, die denen auf Mattheuers Bild ähneln oder zumindest nachempfunden sind, werden zu Beginn der Stunde in der Mitte des Stuhlkreises ausgelegt. Im folgenden habe ich versucht zu beschreiben, wie sie sich herstellen oder finden lassen. Wer diese Mühe scheut, kann die Gegenstände aber auch auf Karteikarten schreiben oder zeichnen und im Stuhlkreis auslegen.

- Drei *Würfel* (vorhandene Brett- oder Würfelspiele plündern)
- *Einwegspritze* (ohne Injektionsnadel! -aus der Apotheke bzw. Zahn- oder Hausarzt fragen)
- Schwarze *Kugel* mit Zündschnur (Gummi- oder Plastikball aus dem Spielzeugbedarf anmalen und daran eine Kordel kleben, evtl. auch dunkler Gymnastikball, Bowlingkugel o.a.)
- Große graue *Spirale* (einen möglichst großen Kreis aus grauem Tonpapier ausschneiden und in einem Abstand von 2 cm spiralförmig bis zur Mitte einschneiden)
- *Maske* (Tierkopfmaske aus dem Faschingsbedarf oder eine andere Gesichtsmaske)
- Geballte *Faust* (M6 auf Pappe kleben und aufstellen)
- *Vogelfeder* oder *Flügel* von einem Engelkostüm
- Leere (Schnaps-)*Flasche* mit Korkverschluß
- Großer leerer *Bilderrahmen* (alte Holzleisten zusammenfügen)
- *Bild* mit Mond über Meerlandschaft (Kalenderblatt oder selber malen)
- *Zeus-Kopf* (M 7 auf Pappe kleben und aufstellen)
- *Arm einer Statue* (Umriß des rechten Arms auf Pappe übertragen und ausschneiden)
- leeres (Puppenhaus-)*Schränkchen* (Nachttischschränkchen o.ä.)
- *Perle* (Perle, Murmel, Holzkugel o.ä.)
- *Papierabfälle*
- Blattloser *Zweig*
- Hockende, in sich gekrümmte *Gestalt* (M 8 auf Pappe kleben und aufstellen)
- *Feuerflamme* (aus Tonpapier)
- *Türschlüssel*
- Liederblätter M 1
- Die Zimmertür trägt nach wie vor die Aufzeichnungen der letzten Stunde.

Zeit

90 Minuten

Verlauf

1. Kanon zu Beginn: *Alle eure Sorgen* (M 1)

2. Vorbereitung von Rollenspielen
Eine Partnerarbeit
Die Einleitung zur Vorbereitung des Rollenspiels erfolgt anhand der in der Mitte des Stuhlkreises ausgelegten Gegenstände:

- Schaut euch diese Dinge einmal in Ruhe an. (...) Stellt euch vor, dies sind alles Sachen, die ein Mensch bei sich zu Hause in einer Kammer aufbewahrt. Ihr kennt das: Es gibt immer wieder Gegenstände, die wir selber aufheben, weil sie uns an besondere Erlebnisse oder besondere Menschen in unserem Leben erinnern. Bei dem Menschen, von dem ich euch gerade erzähle, ist es so: Die Kammer ist meistens verschlossen. Und für eine lange Zeit durfte sie niemand außer ihm betreten. Hier hat er nämlich lauter Sachen untergebracht, die ihn an Geschichten aus seinem Leben erinnern, in denen er schuldig geworden ist. Kein Wunder also, daß er sie am liebsten wegschließen will. Und dennoch kommt er einfach nicht von ihnen los. Er kann sie nun einmal nicht vergessen. Immer wieder plagt ihn sein schlechtes Gewissen. Und dann geht er in seine Kammer und schaut sich all das hier an. Doch vor kurzem hat er einen Entschluß gefaßt: Er möchte einer vertrauten Person davon erzählen, was ihn schon so lange belastet.

Ich möchte euch bitten, daß sich je zwei von euch gleich zusammentun, einen Gegenstand auswählen und sich dazu eine Geschichte ausdenken, die der Mensch, von dem ich euch erzählt habe, damit verbindet. Ihr erinnert euch: Es handelt sich um Dinge, die ihn an Begebenheiten aus seinem Leben erinnern, in denen er schuldig geworden ist. Überlegt euch alles so genau wie möglich. Am besten macht ihr euch Stichpunkte. Dann entscheidet, wer von euch beiden nach der Partnerarbeit welche Rolle spielt: (a) die Person, die die Geschichte erzählt, und (b) die Person, der die Geschichte erzählt wird. Überlegt euch dann auch, wie diese zweite Person reagieren soll, was sie sagt, welche Fragen sie stellt und wie sie sich verhält, nachdem sie alles erfahren hat.«

Vielleicht ist es sinnvoll, bevor die Partnerarbeit beginnt, mit der Konfirmandengruppe noch genauer über die Rolle der Partner des Geschichtenerzählers zu sprechen. Diese können nämlich als aktive Zuhörerinnen und Zuhörer mit einfühlsamen Anfragen und Beiträgen den Gang des Gespräches mitgestalten, so daß es dem Gegenüber leichter fällt, seine Schuldgeschichte zu erzählen. Gemeinsam kann die Gruppe eine kleine Liste von möglichen Gesprächseinhilfen zusammenstellen und diese mit in die Partnerarbeit nehmen, so z.B.:

Was die zuhörende Person sagen könnte:
- Woran denkst du, wenn du diesen Gegenstand in deiner Kammer ansiehst?
- Das mußt du mir genauer erklären.
- Noch nicht verstanden habe ich, warum ...
- Ich kann gut verstehen, daß du ...
- Wenn ich dich richtig verstanden habe, belastet dich am meisten, daß ...
- Was würdest du N.N. jetzt am liebsten sagen?
- Was würdest du jetzt am liebsten unternehmen?
- Was meinst du, würde N.N. dir sagen, wenn du ihm heute begegnen würdest?
- Weißt du, am liebsten würde ich jetzt ...

Rückfragen werden geklärt, Räumlichkeiten für Partnerarbeiten abgesprochen, die Zeit verabredet, in der sich die Gruppe zusammenfinden soll. Evtl. ist es günstig, die gewählten Gegenstände aus der Kreismitte mit in die Partnerarbeit zu nehmen, um sich von ihnen inspirieren zu lassen. Dann muß allerdings geklärt werden, ob ›Doppelbelegungen‹ (noch) möglich sind. Vielleicht ist es außerdem notwendig, noch einmal die verschiedenen Aufgabenstellungen in Stichpunkten an die Tafel / auf Hinweiskarten für die Gruppen zu schreiben:

> 1. einen Partner / eine Partnerin wählen
> 2. gemeinsam einen Gegenstand aussuchen
> 3. ein Plätzchen finden, an dem man ungestört nachdenken kann
> 4. eine Schuldgeschichte überlegen und notieren
> 5. die beiden Rollen verteilen:
>   a) wer erzählt die Geschichte,
>   b) wer hört zu und reagiert?
> 6. Probedurchlauf: Auf beide Rollen achten und Verbesserungen einarbeiten
> 7. zur verabredeten Zeit wieder im Gruppenraum sein

Alternativ dazu können Gruppen, die Rollenspiele ablehnen oder überwiegend introvertiert sind, in Einzelarbeit Schuldgeschichten im Stil eines Ich-Erzählers aufschreiben und den anderen vorlesen. Jeweils im Anschluß an eine Geschichte überlegen die Konfirmandinnen und Konfirmanden, wie sie reagieren würden, und stellen nach und nach eine ›Erste-Hilfe-Liste‹ von möglichen Reaktionen zusammen.

3. Im Schuldkasten
Ein Rollenspiel

Die Spielenden betreten jeweils zu Beginn ihres Rollenspiels den Raum durch die (in der ersten Stunde beschriftete) Tür und beginnen ihr Gespräch z.B. damit, daß der Besitzer der Kammer erklärt, warum er seinen Gast an diesen Ort geführt hat. Alle anderen Konfirmandinnen und Konfirmanden sind für diesen Gesprächsgang Zuschauerinnen und Zuschauer.

4. Gesprächsrunde / Austausch

Im Anschluß an jedes Rollenspiel berichten (zunächst) die Zuschauenden und (erst danach) die Akteure,
- was ihnen an dem Rollenspiel gut gefallen hat,
- was sie nicht verstanden habe,
- was sie geärgert hat und
- welche Ideen, Alternativen etc. ihnen währenddessen eingefallen sind.

Außerdem kann die Gruppe gemeinsam überlegen,
- welche Beziehungen aufgrund der Schuldgeschichten konkret gestört sind, d.h.
- was die erzählende Person evtl. von (einem) anderen Menschen / sich selbst / Gott trennt
- was wir an ihrer Stelle unternehmen oder unterlassen würden bzw.
- welche Hilfe wir ihr anbieten würden.

5. Lied zum Abschluß: *Gottes große Freude* (M 1)

Der Weg hinaus

3. Stunde

Der Weg hinaus

MIT KONFIRMANDINNEN UND KONFIRMANDEN

Absicht

Zunächst steht Mattheuers Gemälde ›Geh aus deinem Kasten‹ im Mittelpunkt. Eine ausführliche Bildbetrachtung setzt die Konfirmandinnen und Konfirmanden in die Lage, die eigenen Erfahrungen und Erkenntnisse der letzten beiden Unterrichtsstunden mit der eigenwilligen Interpretation dieses Künstlers zu vergleichen. Die anschließende Gedankenreise unternimmt den Versuch, auf meditative Weise die stets auch mit eigenen Gegenständen bestückte Schuldkammer durch die weit geöffnete Tür zu verlassen und dabei zu erfahren, was es bedeutet, aus Isolation und Schuldverhaftung heraus in einen von Vergebung umgriffenen Raum zu treten. Das in der Gedankenreise Erlebte soll gemalt, ausgetauscht und während einer Ausstellung als dreidimensionale Szenarien durch die geöffnete Tür hindurch betrachtet werden. Daß Jesus die Tür ist, durch die wir alle Beziehungen, in denen wir leben und zu denen wir berufen sind, gestalten können, wird durch das Ich-bin-Wort (Joh 10,9) präsent sein.

Material

- Liederblätter (**M 1**)
- Tageslichtprojektor
- Tageslichtfolie »Geh aus deinem Kasten« (**M 9**)
- In einem Raum ohne Teppichboden: Decken für alle Teilnehmenden
- Längs halbierte Din A2-Zeichenpapierbögen für alle Teilnehmenden (Wenn nicht beabsichtigt ist, die entstehenden Bilder in dreidimensionale Szenarien zu verwandeln, brauchen die Bögen nicht zerschnitten zu werden.)
- Wachsmalkreiden und / oder Bunt- und Filzstifte und / oder Tuschkästen, Pinsel, Becher, Wasser, Material zum Abdecken der Tische

Für den Bau der Szenarien wird außerdem gebraucht:
- Kartonierte Din A4-Papierbögen (die halbierten Reste der Din A2-Bögen), auf die die Vorlage **M 10** kopiert wird;
- Farbiges Din A4-Tonpapier; Bunt- oder Tonpapierreste; Scheren; Büroklammern oder Klebestifte
- Ausstellungsformulare (**M 11**) für alle Teilnehmenden, evtl. auf Din A3 vergrößert

Vorbereitung

Zu Beginn der Stunde sollte der Tageslichtprojektor aufgebaut sein und statt eines Stuhlkreises evtl. gleich schon genügend Decken am Boden ausliegen, auf denen sich die Gruppe zur Bildbetrachtung gemütlich niederlassen kann. Die Tageslichtfolie kann durch ein Abdecken des äußeren Randes mit

▼

Wolfgang Mattheuer, Geh aus deinem Kasten, 1985
© VG Bild-Kunst, Bonn 1997, © der Vorlage: Sprengel Museum, Hannover

Papier und Klebeband (Passepartout) so ausgerichtet werden, daß kein Nebenlicht die Projektion des Bildes beeinträchtigt. Tische, Stühle und Arbeitsmaterial stehen an den Seiten für das spätere Malen und Gestalten zur Verfügung.

Zeit

90 – 120 Minuten

Verlauf

1. Lied zu Beginn: *Gottes große Freude* (M 1)

▼ 2. Geh aus deinem Kasten (Bildbetrachtung)

BILDBETRACHTUNG ZU WOLFGANG MATTHEUER:
GEH' AUS DEINEM KASTEN
1985, Öl auf Leinwand, 150,5 x 257 cm,
Sprengel Museum Hannover

☞ **Völlig unbekleidet verläßt am linken Rand des Bildes der junge Mann eilig den dunklen Raum** durch die nach innen geöffnete Tür, auf die zur Hälfte helles Sonnenlicht fällt. Der nackte Jüngling muß mit einem weit ausfallenden Schritt eine hohe Türschwelle überwinden; linkes Bein und nach oben geworfener linker Arm befinden sich bereits im luftigen Hellblau einer Außenwelt, die in Farbgebung und Formlosigkeit im Widerspruch zu allem steht, was es im Innenraum, der das gesamte Bild ausfüllt, zu sehen gibt. Seine rechte Hand hält die Tür, als wolle er sie sofort, nachdem er das rechte Bein nachgezogen und ins Licht hinübergerettet hat, hinter sich zuschlagen. Kopf und Blick richten sich jedoch noch einmal der verlassenen Kammer und den am oberen Bildrand grell auflodernden Flammen zu.

Diese scheinen jedoch nicht wirklich auf das Rauminnere überzugreifen. Stattdessen setzen sie irgendwo hinter der Wand an und sind zugleich Beleuchtung der Zimmerdecke, die in ihrem Widerschein in ein dunstiges Hellbraun getaucht ist. (Etwas, das brennt und doch nicht verbrennt, ein Motiv aus der Berufungsgeschichte des Mannes Mose am Horeb – dort war es ein einfacher Dornbusch, aus dem die Stimme Gottes sprach.)

Der Betrachter befindet sich im Innern dieser fensterlosen, in dunklen Holztönen gehaltenen Kammer und schaut auf eine gegenüberliegende Raumecke, in der sich im Schatten der geöffneten Tür ein verwirrendes Sammelsurium aus Figuren und Gegenständen befindet:

Da steht ein finster hinter seiner beiseite geschobenen Schafskopfmaske hervorblickender Mann in schäbigem Anzug, hinter dem sich eine weitere gekrümmt am Boden hockende Gestalt befindet. Neben ihr eine Art Hosenbein mit verkorkter Flasche in der Gesäßtasche – Versteck für den beruhigenden Vorrat des Alkoholikers, der seine Krankheit geheimzuhalten pflegt, bis sie dann doch irgendwann ans Licht der gefürchteten Öffentlichkeit kommt.

An die Wand gelehnt ein Paar Flügel, vielleicht Bestandteil eines Kostüms des Verkündigungsengels aus der Weihnachtsgeschichte oder ein antikes Fluggerät, wie es die Sagengestalten Ikarus und Daedalus benutzten, als sie mit aus Wachs und Federn gefertigten Fittichen aus dem Labyrinth des Königs Minos auf Kreta flüchteten. Ikarus starb auf halbem Wege, weil er, den Warnungen seines Vaters zum Trotz, zu nah an die Sonne flog. Auch dieses Nicht-Maß-halten-können bedeutet (wie Alkoholismus) den sicheren Tod, wo nicht bei Zeiten Umkehr ermöglicht wird.

Vom Mann mit Maske zur Hälfte verdeckt: Ein kaum erkennbarer Frauentorso, umschlungen von einer metallenen Spirale, die aus der chaotischen Ecke heraus jene im Bildmittelgrund liegende schwere Eisenkugel mit Zündschnur anspringt. In ihren Fängen befinden sich außerdem eine zum sozialistisch-solidarischen Gruß erhobene Faust und ein mit lachendem Gesicht bemalter Karton, der uns als Zitat eines weiteren Bildes von Wolfgang Mattheuer (Das zweite Gesicht, 1970) von Seite 60/61 unseres Buches »Denk mal nach ...« vertraut ist.

Drei Keilrahmen stehen an der langen, türlosen Wand, doch nur einer von ihnen ist mit Leinwand bespannt – ein Gemälde, das einen kalten Vollmond über schwarzer Meerlandschaft vermuten läßt.

Allerlei Unrat verbreitet sich über den Boden der Gerümpelkammer: Tote, blattlose Zweige, Papierfetzen und andere Dinge, die aus einer geplatzten Mülltüte stammen könnten.

Am Boden vor der Tür der letzte Wurf eines Glücksspielers: Zwei, Drei und Vier – kein berauschendes Ergebnis für einen, der mit Würfeln ans große Geld kommen wollte.

Rechts außen steht eine Kommode mit offener Schranktür. Doch ihr Inneres, unterteilt durch vier Regalbretter, offenbart gähnende Leere. Allein eine kleine weiße Kugel, matt glänzend wie eine kostbare Perle, liegt unsicher am Rande des oberen Einlegebodens. Aber lohnte es sich tatsächlich, für diese Perle das gesamte Vermögen zu berappen?

Eine einzelne Hand umgreift ein Injektionsinstrument. Sie liegt unter der geöffneten Kommodentür – ein tragischer, wenngleich alltäglicher Bildinhalt, der Zeitungslesern oder Besuchern öffentlicher Toiletten in Bahnhofsnähe nicht immer erspart bleiben wird: Wieviele Drogensüchtige haben sich aus Verzweiflung oder Unkenntnis einen goldenen Schuß in einer Umgebung gesetzt, die außer diesen, von unserer Gesellschaft in die Asozialität und Illegalität verbannten Menschen allein unseren Exkrementen vorbehalten ist?

MIT KONFIRMANDINNEN UND KONFIRMANDEN | 59

Auf der Kommode sind Kopf und ausgestreckter Arm als Reste einer zerbrochenen antiken Zeus-Statue abgelegt. Der Blick des höchsten griechischen Gottes geht ins Leere, der Arm weist in die der offenen Tür entgegengesetzte Richtung. Wenig ratsam wäre es, würde sich der Flüchtende dieser nonverbalen Weisung fügen, die ihm diese zerbrochene Gestalt vom ›Olymp‹ der Kommode so würdig, so streng und doch so unendlich dumm bedeutet.

Nein, in dieser Kammer gibt es nichts mehr zu holen, nichts zu retten, hier ist alles schon viel zu lange verwahrt und versteckt, gedreht und gewendet, gekittet und geleimt worden. Und doch hat alles nichts geholfen. Wie überzeugend wirkt das wenige freundliche Hellblau einer anderen, äußeren Welt trotz aller ihrer Gestaltlosigkeit gegenüber diesem tristen und geschmacklosen Abfall verbrauchter Erinnerungen und Erfahrungen, Geschichten und Begebenheiten, die samt und sonders nichts – oder doch zumindest: zu nichts mehr – nütze sind. »Geh' aus deinem Kasten«, so hat es der Künstler für sich und all jene beschlossen, die es ihm gleichtun wollen.

»Schon 1981 arbeitete Wolfgang Mattheuer an einem Blatt mit ganz ähnlicher Thematik unter dem Titel ›Prometheus verläßt das Theater‹. Prometheus, eine Gestalt aus der antiken Mythologie, kämpfte im Gegensatz zu der rein physischen Kraftentfaltung der übrigen Titanen mit geistigen Waffen gegen die Herrschaft des Göttervaters Zeus. Er gilt als Schöpfer des Menschengeschlechts, welches er aus Lehm und Wasser erschuf, und als Wohltäter der Menschheit. Neben dem Feuer bringt er den Menschen alle geistigen und körperlichen Fertigkeiten und damit die Kultur insgesamt. Prometheus – der Urtyp des Künstlers schlechthin! (…) Prometheus, der Vorausdenkende, von dem das schöpferische Feuer ersehnt wird, hat (hier auf unserem Bild) die Theaterbühne schon in Brand gesteckt: Altes zerstörend, wurden die neuen Gedankengänge und Ideen entzündet.« (Zitat aus: Uschi Baetz, Bildbetrachtung zu W. Mattheuer, Geh' aus deinem Kasten)

Die offene Tür ist unübersehbar. In höchstem Maße einsichtig, daß sie nun auch benutzt wird. Doch erst beim Blick zurück (im Zorn?) wird offensichtlich, wie gefährlich das Gefängnis aus Isolation, Schuld und Verkrümmung wirklich war. Was hatte den Häftling gehindert, nicht längst den Weg hinaus aus seinem Kasten zu wagen? Waren es Blindheit oder Resignation, Selbstbestrafungs- oder gar Selbstzerstörungstendenzen? Hatte hier jemand sein Leben lang die »Mir-hilft-ja-doch-keiner-Litanei« mit Erfolg psalmodiert?

Wie dem auch sei: Es scheint, als habe der Mensch die offene Tür gerade erst und spontan für sich in Anspruch genommen. Dann hat sie aber wohl jemand anderes für ihn geöffnet. Und deshalb steckt auch der Schlüssel von außen im Türschloß! Wer öffnet uns die Tür? Wem wollen wir sie offen halten?

▼ Da die merkwürdigen Gegenstände des Mattheuer-Bildes durch die Rollenspiele der 2. Stunde bereits vertraut sind, ist damit zu rechnen, daß die Konfirmandinnen und Konfirmanden beim ersten Betrachten sofort auf die Suche nach ihren Rollenspiel-Requisiten und all den anderen Gegenständen der 2. Stunde gehen, sobald sie die Beziehung zwischen ihnen und den Bildinhalten erkannt haben. Dafür muß Zeit sein.

Bei in Betrachtung von Bildern geübten Gruppen kann jedoch zunächst vereinbart werden, das Bild einige wenige Minuten still zu betrachten, bevor eine erste gemeinsame und zunächst nicht gelenkte Sichtungsphase alle Bildinhalte gleichermaßen ins Auge faßt. Dabei geht es nicht in erster Linie darum, alles aufzuzählen, was man sieht, sondern den anderen zu beschreiben, was man entdeckt hat. Alle Äußerungen sind zuzulassen, wenngleich es einer Bildbetrachtung wenig zuträglich ist, sofort alle möglichen »Bedeutungen« in das Bild hineinzuinterpretieren. Sätze, die mit »Ich sehe …« oder »Was mir als erstes aufgefallen ist, …« oder »Was mir als erstes durch den Kopf gegangen ist, als ich das Bild sah …« können den Anfang bilden. Der / die Unterrichtende kann ruhig dazu ermuntern, noch genauer hinzusehen, mehr noch wahrzunehmen und zu benennen:
- Da sind eine Reihe von Dingen, die ihr noch nicht genannt habt.
- Einiges von dem, was auf dem Bild ist, ist kaum zu erkennen.
- Welche Gegenstände haben wir eigentlich bei unseren Schuldgeschichten vergessen?

In einer zweiten, die Bildbetrachtung vertiefenden Phase können die einzelnen Bildausschnitte
1. Bildmitte mit hinterer Zimmerecke,
2. rechte Bildseite, d.h. die Längswand des Kastens mit Bildhintergrund,
3. linke Bildseite mit Tür und Panorama
gesondert betrachtet und aufeinander bezogen werden. Dabei ist darauf zu achten, daß die Gruppe sich für eine angemessene Zeit wirklich auf diesen Ausschnitt einläßt und nicht alles nur streift. Hier könnte die einfache Frage »Was passiert da eigentlich?« verschiedene Anschauungen miteinander ins Gespräch bringen.

Erst in einer dritten Phase der Bildbetrachtung kann eine deutliche Impulsgebung verschiedene Gesprächsgänge bestimmen:
- Was passiert, wenn man sich zu lange in diesem Raum aufhält?
- Wenn ich in diesem Raum wäre, …
- Da liegen die Gegenstände aus unseren Schuldgeschichten.
- Es brennt, und nichts verbrennt.
- Wie es ausgesehen hätte, wenn der Maler den Raum eine halbe Stunde zuvor gemalt hätte.
▼

- Die Tür war nicht immer offen. Wer hat sie geöffnet?
- Der Schlüssel steckt von außen.
- Der Mann ist völlig unbekleidet.
- Was wohl den Menschen erwartet, wenn er draußen ist.
- Wo ich als erstes hinrennen würde.
- Dem Bild einen Titel geben.
- Manchmal ist es in meinem Kopf genau so unordentlich. Dann möchte ich am liebsten ...
- Das Bild heißt: ›Geh aus deinem Kasten!‹. Wolfgang Mattheuer hat es 1985 in der DDR gemalt.

3. Die Tür öffnet sich
Eine Phantasiereise[1]

Die Gedankenreise muß in jedem Fall der aktuellen Situation in der Gruppe angeglichen werden. Sind die Konfirmandinnen und Konfirmanden mit Entspannungsübungen und meditativen Elementen vertraut, kann die hier beschriebene Übung Richtschnur für eine eigene Anleitung sein. Sind sie es nicht, muß der/die Unterrichtende das »setting« entsprechend verändern. In jedem Fall empfiehlt es sich für alle Unterrichtenden, zuvor selbst Meditationserfahrungen gesammelt zu haben. Die Reflexion eigener Erfahrungen mit meditativen Elementen in Gruppen bewahrt davor, die Jugendlichen zu überfordern. So ist es auch denkbar, auf die Gedankenreise notfalls ganz zu verzichten und einen dem Fortgang der Stunde entsprechenden Arbeitsauftrag zu formulieren.

Die Gruppe macht es sich auf den Decken im Raum gemütlich. Alle haben genügend Platz und gönnen ihn auch ihren Nachbarn. Verabredet ist, die anderen während der folgenden 5 Minuten nicht zu stören. Wer nicht (mehr) mitmachen möchte, kann die Augen öffnen, einfach nur so vor sich hindösen, aber auch leise aufstehen und den Raum verlassen. Wichtig ist es, eine bequeme Lage zu finden, also z.B. auf dem Rücken oder der Seite zu liegen oder sich auf dem Boden sitzend an eine Wand zu lehnen. Wer sich noch unwohl fühlt, beschafft sich etwas zum Unterlegen für Nacken oder Kniekehlen. Langsam kommen alle zur Ruhe und schließen die Augen.

Zu Beginn der Gedankenreise sollte viel Zeit für Entspannungsübungen sein. Aus dem eigenen Erfahrungsschatz (!) werden in bestimmten Abständen Impulse gegeben, mit deren Hilfe:
- sich die Konfirmandinnen und Konfirmanden sammeln und dabei entspannen,
- sie die verschiedenen Teile ihres Körper wahrnehmen und sie dabei lockern und beruhigen,
- sie auf ihren Atem achten und ihn dann auch wieder unbeachtet fließen lassen,
- sie ihre Gedanken kommen und dann auch wieder gehen lassen.

[1] Hinweis: Meditative Übungen werden u.a. beschrieben in den Heften 16; 18; 20; 22; 23; 25 und 28 der Zeitschriftenreihe ku-praxis des Gütersloher Verlagshauses.

ANLEITUNG DER PHANTASIEREISE

»Während ihr euch ausruht, möchte ich euch in Gedanken zu einem Ort führen, den wir alle bereits gut kennen. Eben noch haben wir davor gesessen und ihn uns ausführlich angeschaut: Den Raum auf dem Bild, das wir betrachtet haben.

In euren Gedanken könnt ihr es sehen.
Jetzt geht darauf zu.
Und nun steigt ihr ganz einfach hinein.

Ihr seid darinnen.
Ein wenig schummerig ist es hier.
Aber die Augen gewöhnen sich langsam an die Dunkelheit.

Nach und nach kannst du schemenhaft ein paar Gegenstände in der Kammer erkennen.
Ja, dieser Raum ist dir vertraut; er macht dir keine Angst mehr.
Du bist schon so oft hier gewesen.
Deine vorsichtigen Schritte lassen die Dielen knarren.
Ein trockener Zweig knackt unter den Füßen.

Da steht die hölzerne Kommode.
Sie ist fast leer.
Allein im obersten Fach liegt die kleine weiße Perle.
Hell schimmert sie im dunklen Raum.
Du nimmst sie in die Hand und betrachtest sie eine Weile.
Vorsichtig legst du sie wieder an ihren Platz.
Vielleicht entdeckst du in dem Raum noch etwas Besonderes.
Vielleicht liegt da zwischen all dem, was du dir schon angeschaut hast,
etwas, das nur du kennst:
Ein Gegenstand aus deiner Vergangenheit,
etwas, das dich an eine Geschichte erinnert, die dir einmal passiert ist,
wo du schuldig wurdest, etwas ausgefressen hast.
Ein Gegenstand aus deinem Leben – schau ihn dir an.

Jetzt leg ihn wieder an seinen Ort.
Er gehört in diesen Raum.
Aber du gehörst nicht hierher!

Die Tür öffnet sich.
Warmes, helles Licht strömt ein.
Du gehst auf die Tür zu.
Ein frischer Luftzug weht dir entgegen.
Du gehst durch die weit offene Tür.
Du atmest tief durch.
Noch einmal schaust du dich um.
Da, über der Kammer, brennen helle Flammen.
Schnell ins Freie!

Schön ist es hier.
Und was es hier draußen alles zu sehen gibt!
Schau dir alles genau an.
Den Himmel. – Schau ihn dir an.
Die Landschaft. Was kannst du erkennen?
Der Boden unter deinen Füßen. Wie fühlt er sich an?

Menschen begegnen dir.
Sie gehen auf dich zu.
Jemand sagt dir etwas, daß dich froh macht.
Kennst du ihn?
Was sagt er dir?

Du bewegst dich frei und nimmst deine neue Umgebung wahr.
Vielleicht möchtest du rennen, oder dich ausruhen, wo es gemütlich ist ...
Schau dir alles noch einmal an.
Präge es dir ein.

Laß dir Zeit.
Wenn du magst, kannst du langsam wieder die Augen öffnen.
Richte dich auf, wenn dir danach ist.
Wenn alle wieder beisammen sitzen, machen wir weiter.«

4. Eine Vergebungslandschaft malen
Eine Einzelarbeit

Die Gruppe braucht ausreichend Zeit, um wieder »hochzukommen«. Evtl. besteht spontan das Interesse, sich über die noch frischen Eindrücke aus der Gedankenreise im Plenum oder in kleineren Neigungsgruppen auszutauschen. Auch dazu sollte Gelegenheit sein. Es ist aber auch damit zu rechnen, daß die Konfirmandinnen und Konfirmanden aus der Situation der Ruhe und Entspannung heraus erst einmal still sind und ›ganz bei sich‹ bleiben wollen. Dann ist es möglich, sofort mit dem Malen zu beginnen.
Gemalt werden kann mit Wachsmalstiften, Filz- und Buntstiften oder mit Pinsel und Tusche auf die vorbereiteten, längs halbierten DinA2-Bögen (im Querformat!). Wenn nicht beabsichtigt ist, die fertigen Bilder anschließend in dreidimensionale Szenarien zu verwandeln, brauchen die Bögen jedoch nicht zerschnitten zu werden.
Arbeitsauftrag:
- Versucht, aus eurer Erinnerung heraus aufzumalen, was ihr während der Gedankenreise gesehen habt, nachdem ihr durch die Tür ins Freie hinausgegangen seid. Malt die Landschaft mit allem, was dazugehört (jedoch nicht die Kammer und auch nicht die Tür!)

5. Austausch in Neigungsgruppen
Kleingruppengespräche

Je vier Person zeigen einander ihre Bilder. Dabei wird immer nur ein Bild in die Mitte gelegt. Zunächst beschreiben es diejenigen, die es nicht gemalt haben. Sie sagen, was sie sehen und erkennen können. Darüber hinaus dürfen sie natürlich auch Vermutungen äußern. Anschließend erklärt es die Person, die es gemalt hat. Sie kommentiert, was die anderen beschrieben und vermutet haben, und kann darüber hinaus Bildinhalte beschreiben und Eindrücke während der Gedankenreise erzählen.

6. Gestaltung der Szenarien
Vorbereitung einer Ausstellung

Gemäß der nun folgenden Anleitung entstehen Szenarien:

Gestaltung der Vorderseite
Die drei schwarz umrandeten Seiten der Tür (**M10**) werden ausgeschnitten und die Tür so umgeklappt, daß Joh 10,9 auf der anderen Seite sichtbar ist.

Gestaltung des Panoramas
Die auf den längs halbierten DinA2-Bogen gemalte Landschaft wird mit ihrer Bildseite für einen Moment nach innen aufgerollt, bis das Bild als Panoramagemälde im Halbkreis steht. Das Panorama wird an beiden schmalen Enden ca. 2 cm nach innen gefalzt und mit Klebestift oder 4 Büroklammern an der Rückseite des Türbogens befestigt. Durch die geöffnete Tür mit dem Ich-bin-Wort schaut man nun in die Landschaft hinein.

Gestaltung der Bodenplatte
Ein DinA4-großes Stück farbiges Ton- oder Buntpapier wird als Bodenplatte unter das Szenarium gelegt.

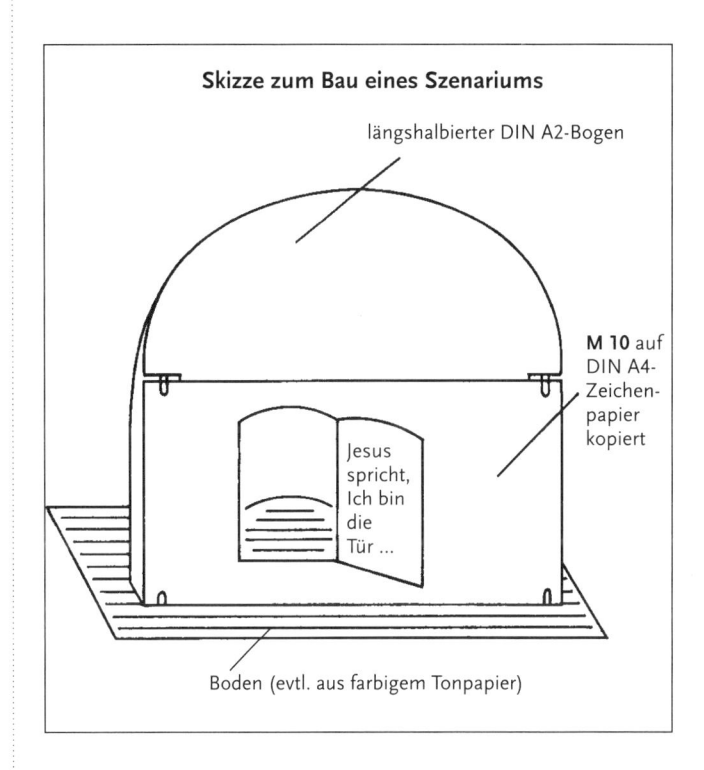

Skizze zum Bau eines Szenariums

- längshalbierter DIN A2-Bogen
- **M 10** auf DIN A4-Zeichenpapier kopiert
- Jesus spricht, Ich bin die Tür …
- Boden (evtl. aus farbigem Tonpapier)

7. Ausstellung (Rundgang mit Kommentaren)

Die Szenarien werden auf Stühlen ausgestellt (,die vorher auf die Tische gestellt wurden,) und während eines Rundgangs angeschaut, wobei die Konfirmandinnen und Konfirmanden ihre Gedanken auf die vorbereiteten Bögen (**M 11**) schreiben, die auf den Tischen zu jedem Exponat ausliegen:

> *Wer durch diese Tür geht, …*
> *Gut gefällt mir an deiner Landschaft …*
> *Wenn Jesus diese Tür ist, …*

Am Schluß der Ausstellung kehren die Konfirmandinnen und Konfirmanden zu ihren Szenarien zurück und lesen die Kommentare. In einer abschließenden Runde können sie ausgewählte Beiträge zu ihren Exponaten vorlesen und dazu Stellung beziehen:
- Gefreut habe ich mich über …
- (Miß-)verstanden fühle ich mich durch …
- Nachdenklich gemacht hat mich …

8. Kanon zum Abschluß: *Alle eure Sorge* (M 1)

Tag der offenen Tür

Ein Konfirmationsgottesdienst

Tag der offenen Tür

Die Unterrichtseinheit »Tag der offenen Tür« steht gemäß der Behandlung von Beichte und Vergebung in Luthers Kleinem Katechismus und dementsprechend auch im Buch »Denk mal nach ...« am Ende des gemeinsamen Weges durch die Hauptstücke des christlichen Glaubens und damit am Ende des Konfirmandenunterrichts – Grund genug, das gemeinsam in Erfahrung Gebrachte nun auch in den Konfirmationsgottesdienst einzubringen.

Unter dem biblischen Motto: »Jesus spricht: Ich bin die Tür.« ist die folgende Idee für die Gestaltung eines Gottesdienstes am Konfirmationstag entstanden: Denn in diesem Gottesdienst sollen die Konfirmandinnen und Konfirmanden tatsächlich *durch eine Tür hindurch* konfirmiert werden:

Dazu wird für den Festgottesdienst im Altarraum eine transportable Tür-Konstruktion aufgestellt, die bereits in den letzten Unterrichtsstunden vor dem Konfirmationstag mit der Konfirmandengruppe zusammen thematisch ausgestaltet wird: In Kleingruppenarbeit verzieren die Jugendlichen die vier Felder der äußeren Türseite mit Symbolen aus biblischen Geschichten, in denen es um die Ermöglichung von Beziehungen geht.

Zu Beginn des Gottesdienstes steht die geschlossene Tür im Altarraum.

Im Eingangsteil des Gottesdienstes lesen die Jugendlichen von der geschlossenen Tür aus selbst verfaßte Schuldbekenntnisse und heften sie an die für alle sichtbare Seite der geschlossenen Tür.

Im Lesungsteil wird die Tür weit geöffnet (»Tut mir auf die schöne Pforte« EG 166), so daß die biblischen Darstellungen für alle sichtbar sind. Die Schuldbekenntnisse sind nun ›zugedeckt‹. Die auf der geöffneten Türseite dargestellten Bilder werden vorgestellt, und die biblischen Texte vorgelesen.

Die Konfirmationspredigt nimmt Bezug auf die geöffnete Tür im Altarraum. Während der Predigt wird über ihr ein Schild mit einem ›Haussegen‹ angebracht. Dieser Haussegen ist zugleich Predigttext: Joh 10,9.

Während der Konfirmationshandlung gehen die Aufgerufenen durch die weit geöffnete Tür hindurch zum Altar. Neben Segen und Urkunde erhalten sie als Konfirmationsgeschenk ihren Konfirmationsspruch in Form eines Schildes, das sie zu Hause als ›Haussegen‹ über ihrer Zimmertür anbringen können.

Vorbereitungen

1. Bau der transportablen Konstruktion aus Türrahmen und Türblatt

In jeder Gemeinde gibt es handwerklich begabte Menschen und solche, die mit einem gewissen Organisationstalent in Baumärkten oder Tischlereibetrieben günstig Restposten besorgen können bzw. so freundlich sind, die eigenen Bestände in den Kellerräumen auf brauchbares Material hin zu sichten. Insofern sind die Angaben der vorgeschlagenen Konstruktion nur Richtwerte, die neu berechnet werden müssen, wenn das zur Verfügung stehende Holz andere Maße aufweist. Ebenso ist es denkbar, daß irgendwo bereits ein altes Türblatt existiert, so daß sich die handwerklichen Bemühungen zunächst darauf beschränken, einen passenden Rahmen zu konstruieren. Ich bin guter Hoffnung, daß Unterrichtende für ein Projekt dieser Art Verbündete finden, die während der Vorbereitungszeit des Konfirmationsgottesdienstes mit ihren Gaben und Begabungen zur Verfügung stehen.

■ **Anleitung zum Bau von Türrahmen und Tür**

Der Türrahmen, vgl. **M 12(A)** besteht aus:
- zwei Türholmen (zwei 6 x 6 cm Kanthölzer mit 200 cm Länge),
- auf die der Querbalken (ein 6 x 6 cm Kantholz mit 92 cm Länge) mit mind. 10 cm langen Schrauben aufgeschraubt wird.

Zusammen werden die Holme nun mit mehreren stabilen Winkeleisen an der Bodenplatte (ca. 2 cm dicke Spanplatte) befestigt.

Das Türblatt, vgl. **M 12(B)**, besteht aus:
- zwei 5 x 3 cm Kanthölzern mit je 198 cm Länge und
- vier 5 x 3 cm Kanthölzern mit je 68 cm Länge.

Zusammengeschraubt ist das Türblatt demnach 198 cm hoch, 78 cm breit und 3 cm tief.

Als Tür-Verkleidung

werden außen und innen je vier, insgesamt also acht mind. 4 mm dicke Sperrholzplatten zu je 49,5 x 78 cm aufgeschraubt.

Mit zwei Scharnieren, die so am Türblatt angebracht werden müssen, daß es sich nach innen (d.h. später zur Gemeinde hin) um knapp 180 Grad öffnen läßt, wird das Türblatt am Türrahmen befestigt.

Wenn eine solche Tür bereits vor Beginn der Einheit »Tag der offenen Tür« aufgebaut ist, kann sie von der ersten Stunde dieser Einheit an im Unterricht eingesetzt werden. Für die Schreibmeditation ist sie mit Packpapier beklebt. In der zweiten Stunde betreten durch sie hindurch die Rollenspiel-Paare die Schuld-Kammer.

▼

2. Gestaltung der vier Felder des äußeren Türblattes

Für die Gestaltung der Türfelder müssen mindestens zwei Treffen oder alternativ dazu ein gemeinsamer Nachmittag (und Abend) zur Verfügung stehen.

Im Anschluß an die Einheit »Tag der offenen Tür« überlegt die Gruppe, welche biblischen Geschichten auf den vier Feldern des äußeren Türblattes dargestellt werden sollen. Dazu können gemeinsam noch einmal die im Konfirmandenunterricht aufgetauchten Geschichten erinnert und an die Tafel / auf ein Plakat geschrieben werden. Aufgabe ist es, Geschichten zu finden, die je eine der möglichen Beziehungsebenen veranschaulichen, in denen wir Menschen leben:

a. → *die Beziehung zwischen Gott und (einem) Menschen* (z.B. Gen 18,1-15; Gen 28,10-22; Gen 32,23-33; Ex 3,1-14; 1 Sam 1,1-28; 1 Kön 19,1-13; Lk 1,26-38; Lk 2,41-52; Lk 23,32-43);

b. → *die Beziehung zwischen (einzelnen) Menschen* (z.B. Gen 12,1-9; Gen 13,1-12; Gen 33,1-16; die Josefsnovelle vgl. Gen 45,1; Ex 4,13-16; Lk 9,10-17; Lk 14,15-24; Lk 15,11-32; Lk 19,1-10; Apg 2,1-13);

c. → *die Beziehung, die jeder / ein Mensch zu sich selbst entwickelt* (z.B. Gen 4,1-16; 2 Sam 12,1-7a; Mt 3,13-17; Mt 4,1-11; Mt 16,13-20; Lk 5,1-11; Lk 10,38-42; Lk 18,18-27; Lk 22,54-62; Joh 8,1-11);

d. → *die Beziehung des Menschen zu allem, was lebt* (z.B. Gen 1,27-30; Gen 2,15-25; Gen 3,17-19; Gen 9,1-17; Gen 41,1-36; Ps 8; Ps 19; Ps 104; Mk 2,23-28).

Zu diesen Rubriken bilden sich Kleingruppen, die sich für je eine biblische Beziehungs-Geschichte entscheiden müssen. Sie diskutieren gemeinsam mehrere Alternativen und stellen im Plenum ihre Wahl vor. Mit Hilfe von Formularen entstehen kommentierende Texte, die im Gottesdienst gelesen werden können, z.B. zur Beziehung zwischen (einzelnen) Menschen:

- Gott ermöglicht uns, miteinander in Beziehungen zu leben.
- Solche Beziehungen sind lebensnotwendig, weil ...
- Wenn sie plötzlich abbrechen, ...
- Neuanfänge werden ermöglicht, indem ...
- Davon erzählt auch die Geschichte von ...
- Wir lesen sie euch einmal vor: ...

Für jede biblische Geschichte wird eine Sperrholzplatte für die äußere Türverkleidung gestaltet. Wer zugunsten einer sehr eindrucksvollen Hell-Dunkel-Technik auf das Bemalen mit Plaka- oder Fingermalfarben verzichten möchte, benötig stattdessen die folgenden Materialien:

- Skizzenpapier, Bleistifte, Radiergummis, Anspitzer
- für jede Gruppe eine Tube Konturenpaste für Glasmalerei (grau oder schwarz)
- Pinsel, Becher, Material zum Unterlegen
- 1 x 0,25 Liter Einkomponenten-Kunststoff-Klarlack (seidenmatt)
- 1x 0,25 Liter Kratzfeste Beize, gebrauchsfertig (z.B. nußbaum dunkel)
- 1 x Pinselreiniger (wg. des Lackes): z.B. Testbenzin oder Terpentinersatz

Die Kleingruppen lesen sich noch einmal ihre biblische Geschichte in Ruhe durch und markieren diejenige Stelle im Text, die den Neuanfang bzw. die Eröffnung der Beziehung ermöglicht. Sie suchen gemeinsam nach Symbolen oder einfachen bildhaften Darstellungen, mit denen die entsprechende Situation dargestellt und auch von weitem noch wahrgenommen werden kann, und fertigen dazu Skizzen an. *Diese Skizzen dürfen nur aus hellen und dunklen Flächen bestehen (Schwarz-Weiß-Malerei!).* Dasjenige Motiv, auf das sich alle Teilnehmenden einer Kleingruppe einigen können, wird sorgfältig *(Achtung: Querformat!!!)* mit Bleistift auf die Sperrholzplatte übertragen.

Die folgenden Arbeitsschritte müssen in jedem Falle hintereinander ausgeführt werden:

- Mit der Konturenpaste werden die Linien der Zeichnung sorgfältig nachgezogen.
  Da die Paste auf der Sperrholzplatte etwas erhaben aufliegt, bildet sie später eine kleine Trennwand zwischen den farblos lackierten hellen und den dunkel gebeizten Flächen.
- Wenn die Paste ein wenig angetrocknet ist, können diejenigen Flächen, die hell bleiben sollen, mit Klarlack gestrichen werden.
- Erst zum Schluß werden diejenigen Flächen gebeizt, die dunkel sein sollen.
- Die Platten zum Trocknen beiseite legen (nicht stellen!) und die Pinsel auswaschen.

Bei einem nächsten vorbereitenden Treffen können die vier gestalteten Sperrholzplatten an die Außenseite der Tür angebracht werden (Reihenfolge festlegen!) und die entsprechenden Texte ausformuliert und das Sprechen eingeübt werden.

3. Erarbeitung eigener Schuldbekenntnisse

Material zur Gestaltung von Schuldbekenntnissen ist bereits durch die Beschriftung der inneren Türseite aus der ersten Stunde: »Alles, was Menschen trennt ...« vorhanden. Das Plakat kann noch einmal auf Anliegen für allgemeine Schuldbekenntnisse hin gesichtet werden:

- Welche Türen schlagen Menschen hinter sich zu?
- Vor wem verschließen Menschen die Türen (ihres Landes, ihrer Häuser ...)?
- Welche Trennungen gibt es zu beklagen?
- Was schließen wir hinter Schloß und Riegel?

▼ Jede Konfirmandin / jeder Konfirmand formuliert ein Anliegen auf einer Karteikarte.
In einem Probedurchlauf lesen die Teilnehmenden einander die Sätze vor und heften sie mit einem Kleberöllchen (= Klebeband mit der Klebeseite nach außen zusammengerollt) an die geschlossene Tür. Es werden Verständnisschwierigkeiten und Formulierungsvorschläge besprochen. Eine Reihenfolge wird festgelegt, die Karteikarten durchnummeriert und mit Namen versehen. Nach einem weiteren Probelauf sammelt der / die Unterrichtende die Karten ein und hebt sie für ihren Einsatz im Gottesdienst auf. (Achtung: An Kleberöllchen für das Sündenbekenntnis im Gottesdienst denken!)

4. Gestaltung des Haussegens für den Gottesdienst und der Konfirmationsgeschenke
Auf einem großen Holz- oder Pappschild, das mit einer Steckverbindung auf dem Querbalken der Türkonstruktion befestigt werden kann, wird als ›Haussegen‹ der Predigtvers Joh 10,9 mit Schönschrift in großen Buchstaben aufgemalt.

Für die Konfirmationsgeschenke benötigt man rahmenlose Glasbilderrahmen (18 x 24 cm) und die in der dritten Unterrichtsstunde gemalten (Vergebungs-)Landschaften der Konfirmandinnen und Konfirmanden. Mit Hilfe eines Rahmenglases (18 x 24 cm) wird (im Querformat!) der jeweils schönste Bildausschnitt ausgewählt und ausgeschnitten. Mit Schönschrift kann nun an einer geeigneten Stelle des Bildes der Konfirmationsspruch aufgeschrieben werden (Deko- oder Filzstifte, Tusche etc.). Die Bilder werden gerahmt und in der Konfirmationspredigt als individuelle Haussegen vorgestellt, die die Konfirmierten z.B. über ihren Zimmertüren aufhängen können.

5. Gestaltung der Konfirmationsurkunden und des Gottesdienstprogramms
Auch auf den Konfirmationsurkunden und / oder den Gottesdienstprogrammen kann eine weit geöffnete Tür dargestellt sein. Auf der geöffneten Tür steht Joh 10,9 und in die geöffnete Tür hinein sind die Namen der Konfirmandinnen und Konfirmanden geschrieben.

MIT ERWACHSENEN

Die meisten Bausteine der oben dargestellten Einheit »Tag der offenen Tür« sind – leicht modifiziert und der entsprechenden Situation angeglichen – bereits mit Erwachsenen erprobt. Doch ist davon auszugehen, daß die gesprächsorientierten Phasen in der Regel wesentlich mehr Zeit in Anspruch nehmen, als es im Konfirmandenunterricht der Fall sein wird. Oft reichen wenige Gesprächsimpulse, um eine engagiert geführte Diskussion z.B. zur Schreibmeditation und den thesenartigen Definitionen von Sünde und Vergebung, zum biblischen Text (Joh 20,19-23) oder zum Gemälde von W. Mattheuer in Gang zu setzen. Auf der anderen Seite sind Erwachsene nicht unbedingt mit den hier angeführten alternativen bzw. kreativen Verfahren vertraut: Schreibmeditation, Rollenspiel, Gedankenreise und freies Malen sind nicht in jeder gemeindlichen Gruppe als bereits akzeptierte Arbeitsformen vorauszusetzen. Von daher empfiehlt es sich, mit solchen Elementen vorsichtig umzugehen und alternative Planungen in die Vorbereitung einzubeziehen. Im folgenden möchte ich dazu einige Vorschläge machen.

Für die jeweiligen Treffen sollten, wo möglich, zwei Zeitstunden zur Verfügung stehen. Ansonsten müssen deutliche Kürzungen im Programm vorgenommen werden.

1. Treffen
Die beiden Seiten einer Tür

Soll es in einer Projektgruppe eine Vorstellungsrunde geben, kann sie mit zwei das Thema eröffnenden Impulsen verbunden werden:
1. »Überlegen Sie doch einmal, wieviele Türen Sie heute bereits geöffnet, geschlossen bzw. durchschritten haben und teilen Sie uns dann die genaue Zahl mit.«
2. »Erzählen Sie uns von einer besonderen, ganz konkreten Tür in ihrem Leben – z.B. von einer Tür aus ihrer Kindheit oder Jugendzeit oder ...?«

Im Grunde lassen sich auch in meditativen Verfahren ungeübte Gruppen auf die beschriebene ➜ *Schreibmeditation* ein. Wo jedoch vorausgesetzt werden muß, daß persönliche Bereitschaft oder körperliche Beweglichkeit fehlen, werden zunächst zwei Plakate nebeneinander an der Wand befestigt. Sie erhalten die Überschriften »Alles, was Menschen trennt ...« und »Alles, was Menschen verbindet ...«. Auf Zuruf notiert dann der / die Anleitende die Gedanken der Teilnehmenden. Anschließend können (vor oder bewußt erst zu einem späteren Zeitpunkt des Gesprächs) die Plakate an die beiden Seiten der Zimmertür angebracht werden und auf diese Weise den Impuls für weiterführende Gesprächsgänge bilden.

Das o.g. → Experiment setzt starkes Vertrauen in der Gruppe voraus. Es kann (auch in Anbetracht der zu erwartenden intensiven Gesprächsphasen) entfallen. Wer es dennoch ausprobieren möchte, muß **M 2(B)** entsprechend beschriften.

Für die → Bibelarbeit (in Kleingruppen) muß wenigstens eine halbe Stunde Zeit sein. Wo statt des Aufgabenblattes **M3** Bibeln benutzt werden, muß der / die Anleitende mit der Problematik möglicher Antijudaismen im Evangelium nach Johannes ansatzweise vertraut sein. (Einen ersten Überblick zum Thema bietet neben den entsprechenden Kommentaren der Aufsatz: »Gegner Jesu – Widersacher der Gemeinde – Repräsentanten der ›Welt‹ – Das Johannesevangelium und die Juden« von Wolfgang Trilling in: Ernst, Wilhelm; Feiereis, Konrad (u.a. Hg.), Theologisches Jahrbuch 1980. Leipzig 1980, S. 222-238, dort auch eine Liste weiterführender bis dato erschienener Literatur.)

Falls nach der Bibelarbeit noch Gelegenheit ist, miteinander ins → Gespräch zu kommen, ist damit zu rechnen, daß ein sehr intensiver Austausch über den je eigenen Sündenbegriff stattfindet. Die vorgeschlagenen Definitionen für Sünde und Vergebung (**M4** und **M5**) stoßen auf Zuspruch und Ablehnung. Über Modifikationen dieser Thesen wird auch schon einmal leidenschaftlich diskutiert.

2. Treffen
Der Weg hinein

Die merkwürdigen Gegenstände aus dem Kontext des Mattheuerbildes lösen bei Erwachsenen eine Reihe von Gedanken und Assoziationen aus. Vielleicht kommt es spontan zu Gesprächen, einem Austausch von Erinnerungen, zu Vermutungen über den Fortgang in der Beschäftigung mit Schuld und Vergebung. Lassen sich die Erwachsenen darauf ein, in Partnerarbeit die Rollenspiele vorzubereiten und anschließend der Gruppe zu präsentieren, sind diese oft atmosphärisch besonders dicht. Dabei weben sich zuweilen auch Anteile eigener Erlebnisse in die Erzählungen der Teilnehmenden. Außerdem sind die Anspiele stärker noch dialogisch strukturiert, als dies bei Jugendlichen der Fall ist, so daß die Rolle der zuhörenden Person ebenfalls besondere Beachtung verdient und ihr Verhalten im helfenden Gespräch ausführlich betrachtet werden kann. Wer über Grundkenntnisse im Bereich der Poimenik (Seelsorge) verfügt, kann mit Hilfe der gespielten Dialoge Anregungen für ein aktives Zuhören im seelsorglichen Gespräch geben. Falls keine Rollenspiele vorbereitet und aufgeführt werden sollen, sind Erwachsene zuweilen motoviert und in der Lage, kleine Geschichten spontan im Stuhlkreis zu erfinden und einander zu erzählen.

In einem weiteren Schritt können, wenn in der Gruppe ein vertrauensvolles Klima herrscht, die Gegenstände im Stuhlkreis durch eigene Symbole ergänzt werden: Dazu erhalten die Teilnehmenden eine Karteikarte (weiß, unliniert) und einen Bleistift und werden gebeten, zunächst in Gedanken je für sich den folgenden Satz weiterzudenken: »Als ich das letzte Mal gedacht habe: Ich bin dir etwas schuldig geblieben ...« Anschließend finden sie für ihre Gedanken ein Wort, ein Zeichen oder ein Symbol, schreiben oder zeichnen es auf die Karteikarte und legen die Karte zu den anderen Gegenständen in die Mitte. Falls sich die Teilnehmenden darauf einlassen können, über ihre Gedanken mit jemandem aus der Gruppe zu sprechen, kann der/die Anleitende Partnerspaziergänge vorschlagen, in denen das Skizzierte angedeutet oder ausgesprochen werden kann, bevor es in der Mitte abgelegt wird.

3. Treffen
Der Weg hinaus

Es ist nicht in jedem Fall möglich, nach der Bildbetrachtung mit der Gedankenreise und dem Malen der Vergebungslandschaften fortzufahren. Alternativ dazu ist denkbar, noch einmal die beschriftete Tür des ersten Treffens ins Auge zu fassen und über das Ich-bin-Wort (Joh 10,9), evtl. läßt es sich als Textplakat an oder neben die Tür kleben, miteinander das Gespräch fortzusetzen. Es kann sich auf verschiedenen Ebenen entwickeln:

a. Inwiefern erweist sich Jesus in meinem (Er-)Leben als Tür in den Beziehungen zu Gott, zu anderen Menschen, zu mir selbst, zu allem, was lebt?
b. Welche biblischen Geschichten kennen wir, in denen es im besonderen um die Eröffnung / den Neubeginn bestimmter Beziehungen geht: Zwischen (einzelnen) Menschen; zwischen Gott und Mensch; zwischen Mensch und Natur?
c. Für andere eine Tür sein – Wie das geht und wo mir das schon einmal begegnet ist.

Lieder zur Beichte

Alle eure Sorge

Kanon zu 4 Stimmen

Alle eure Sorge, alles Leid und Müh, werft auf ihn.

Schluß: wiederholen bis zur Einstimmigkeit
werft auf ihn.

Text: Kurt Rose; Melodie: Paul Ernst Ruppel
Rechte: Verlag Singende Gemeinde, Wuppertal

Gottes große Freude

Gottes große Freude, wenn sich Türen auftun, wenn das Hausvolk ruft: Kommt, für Freund und Feind ist der Tisch gedeckt, kommt, für Freund und Feind ist der Tisch gedeckt.

2. Gottes große Freude,
   wenn ein Mensch sich aufmacht
   zu dem fremden Gast,
   lacht und spricht und wärmt
   Kammer ihm und Herz.

3. Gottes große Freude,
   wenn die Frohgemute
   zur Verzagten geht,
   weint mit ihr und löst
   sorgsam ihre Angst.

4. Gottes große Freude,
   wenn sich Grenzen öffnen,
   wenn es ringsum ruft:
   Dein Volk ist auch meins,
   Gottes Menschenvolk.

Text: Kurt Rose; Melodie: Joachim Schwarz
Rechte: Mechthild Schwarz Verlag, Faßberg

(aus: Fröhlicher Vogel Hoffnung: Lieder und Gedichte / Kurt Rose. Mit Melodien von Wolfgang Teichmann ... [Hrsg. von der Liturgischen Konferenz Niedersachsens in Verbindung mit der Arbeitsstelle für Gottesdienst und Kirchenmusik Hannover]. – Hannover: Luth. Verl.-Haus, 1995, die Seiten 58f.; 67 [Neues für den Gottesdienst]
ISBN 3-7859-07060-0)
Die Gitarrenakkorde sind nachträglich eingefügt worden (O. Trenn).

In welcher Position befindet sich die Tür, wenn du in diesem Moment an die Beziehung zwischen dir und **deinem Vater** denkst?	In welcher Position befindet sich die Tür, wenn du in diesem Moment an die Beziehung zwischen dir und **deiner Mutter** denkst?	In welcher Position befindet sich die Tür, wenn du in diesem Moment an die Beziehung zwischen dir und **deiner Schwester / Bruder** denkst?
In welcher Position befindet sich die Tür, wenn du in diesem Moment an die Beziehung zwischen dir und **deiner Oma / deinem Opa** denkst?	In welcher Position befindet sich die Tür, wenn du in diesem Moment an die Beziehung zwischen dir und **deiner Schulklasse** denkst?	In welcher Position befindet sich die Tür, wenn du in diesem Moment an die Beziehung zwischen dir und **deiner Klassenlehrerin** denkst?
In welcher Position befindet sich die Tür, wenn du in diesem Moment an die Beziehung zwischen dir und **deiner (besten) Freundin** denkst?	In welcher Position befindet sich die Tür, wenn du in diesem Moment an die Beziehung zwischen dir und **deinem (besten) Freund** denkst?	In welcher Position befindet sich die Tür, wenn du in diesem Moment an die Beziehung zwischen dir und **den anderen Konfirmanden** denkst?
In welcher Position befindet sich die Tür, wenn du in diesem Moment an die Beziehung zwischen dir und **der Pfarrerin / dem Pfarrer** denkst?	In welcher Position befindet sich die Tür, wenn du in diesem Moment an die Beziehung zwischen dir und **deinem Idol / deinen Idolen** denkst?	In welcher Position befindet sich die Tür, wenn du in diesem Moment an die Beziehung zwischen dir und **dir selbst** denkst?
In welcher Position befindet sich die Tür, wenn du in diesem Moment an die Beziehung zwischen dir und **jemandem aus dem KU-Team** denkst?	In welcher Position befindet sich die Tür, wenn du in diesem Moment an die Beziehung zwischen dir und **deinen Wohnungsnachbarn** denkst?	In welcher Position befindet sich die Tür, wenn du in diesem Moment an die Beziehung zwischen dir und **einem Cousin / einer Cousine** denkst?
In welcher Position befindet sich die Tür, wenn du in diesem Moment an die Beziehung zwischen dir und **deiner Vergangenheit** denkst?	In welcher Position befindet sich die Tür, wenn du in diesem Moment an die Beziehung zwischen dir und **deiner Zukunft** denkst?	In welcher Position befindet sich die Tür, wenn du in diesem Moment an die Beziehung zwischen dir und **......** denkst?

In welcher Position befindet sich die Tür, wenn du in diesem Moment an die Beziehung zwischen dir und denkst?	In welcher Position befindet sich die Tür, wenn du in diesem Moment an die Beziehung zwischen dir und denkst?	In welcher Position befindet sich die Tür, wenn du in diesem Moment an die Beziehung zwischen dir und denkst?
In welcher Position befindet sich die Tür, wenn du in diesem Moment an die Beziehung zwischen dir und denkst?	In welcher Position befindet sich die Tür, wenn du in diesem Moment an die Beziehung zwischen dir und denkst?	In welcher Position befindet sich die Tür, wenn du in diesem Moment an die Beziehung zwischen dir und denkst?
In welcher Position befindet sich die Tür, wenn du in diesem Moment an die Beziehung zwischen dir und denkst?	In welcher Position befindet sich die Tür, wenn du in diesem Moment an die Beziehung zwischen dir und denkst?	In welcher Position befindet sich die Tür, wenn du in diesem Moment an die Beziehung zwischen dir und denkst?
In welcher Position befindet sich die Tür, wenn du in diesem Moment an die Beziehung zwischen dir und denkst?	In welcher Position befindet sich die Tür, wenn du in diesem Moment an die Beziehung zwischen dir und denkst?	In welcher Position befindet sich die Tür, wenn du in diesem Moment an die Beziehung zwischen dir und denkst?
In welcher Position befindet sich die Tür, wenn du in diesem Moment an die Beziehung zwischen dir und denkst?	In welcher Position befindet sich die Tür, wenn du in diesem Moment an die Beziehung zwischen dir und denkst?	In welcher Position befindet sich die Tür, wenn du in diesem Moment an die Beziehung zwischen dir und denkst?
In welcher Position befindet sich die Tür, wenn du in diesem Moment an die Beziehung zwischen dir und denkst?	In welcher Position befindet sich die Tür, wenn du in diesem Moment an die Beziehung zwischen dir und denkst?	In welcher Position befindet sich die Tür, wenn du in diesem Moment an die Beziehung zwischen dir und denkst?

Am Abend aber dieses ersten Tages der Woche, als die Jünger versammelt und die Türen verschlossen waren, kam Jesus und trat mitten unter sie und spricht zu ihnen:
»Friede sei mit euch!«
Und als er das gesagt hatte, zeigte er ihnen die Hände und seine Seite.
Da wurden die Jünger froh, daß sie den Herrn sahen.
Da sprach Jesus abermals zu ihnen:
»Friede sei mit euch!
Wie mich der Vater gesandt hat, so sende ich euch.«
Und als er das gesagt hatte,
blies er sie an und spricht zu ihnen:
Nehmt hin den heiligen Geist!
Welchen ihr die Sünden erlaßt, denen sind sie erlassen;
und welchen ihr sie behaltet, denen sind sie behalten.«
(Joh 20, 19-23)

Wenn ihr wollt, könnt ihr euch während eures Gesprächs an den folgenden Fragen orientieren. Vielleicht wollt ihr aber auch ganz ohne Anregung miteinander reden. Dann schaut euch zum Schluß nur noch einmal den letzten Satz auf diesem Blatt an.

In jedem Fall ist es gut, den Text jetzt noch einmal in Ruhe (und jedeR für sich?) durchzulesen.

Macht einander auf Dinge aufmerksam, die nicht leicht zu verstehen sind, und sucht gemeinsam nach möglichen Erklärungen.

Wenn ihr mit einzelnen Begriffen aus dieser Geschichte die beiden Seiten der Tür ergänzen müßtet, welche Begriffe stünden auf welcher Seite der Tür:
(*innen:* »Was Menschen trennt«; *außen:* »Was Menschen verbindet«)?

Ihr wißt bereits: Die Geschichte spielt, kurz nachdem Jesus gekreuzigt und begraben wurde.
Wie mag es den Jüngern in dieser Situation ergangen sein, was dachten und fühlten sie,
worüber mögen sie miteinander geredet haben
und was genau mag sie bewogen haben, die Türen zu verschließen?

Vorhin haben wir über alle möglichen Beziehungen gesprochen:
Könnt ihr (ganz verschiedene) Beziehungen in dieser Geschichte erkennen?

Welche Verbindungen sind zu Beginn der Geschichte abgebrochen, welche nicht?

Was unternimmt Jesus, um dabei zu helfen, die abgebrochenen Verbindungen neu zu knüpfen?
Schreibt seine einzelnen Schritte (auf der Rückseite) der Reihe nach untereinander auf.

Untersucht nun einmal, inwiefern sich diese Schritte auf ganz andere Situationen übertragen lassen, in denen Beziehungen gestört sind und eine Verbindung neu hergestellt werden muß. (Evtl. ist es dazu notwendig, die einzelnen Schritte etwas allgemeiner zu beschreiben.)

Wann öffnen sich die Türen aus dem ersten Satz dieser Geschichte wieder?

Versucht, für jede Seite der Tür einen Satz aus eurem Gespräch zu formulieren, der den anderen etwas über einen wichtigen Punkt aus eurem Gespräch verrät.

Alles,

was Menschen trennt

von Gott,

voneinander,

von sich selbst,

von allem, was lebt,

nennen Christen Sünde.

Wenn Jesus
Menschen verbindet
mit Gott,
miteinander,
mit sich selbst,
mit allem, was lebt,
nennen es Christen Vergebung.

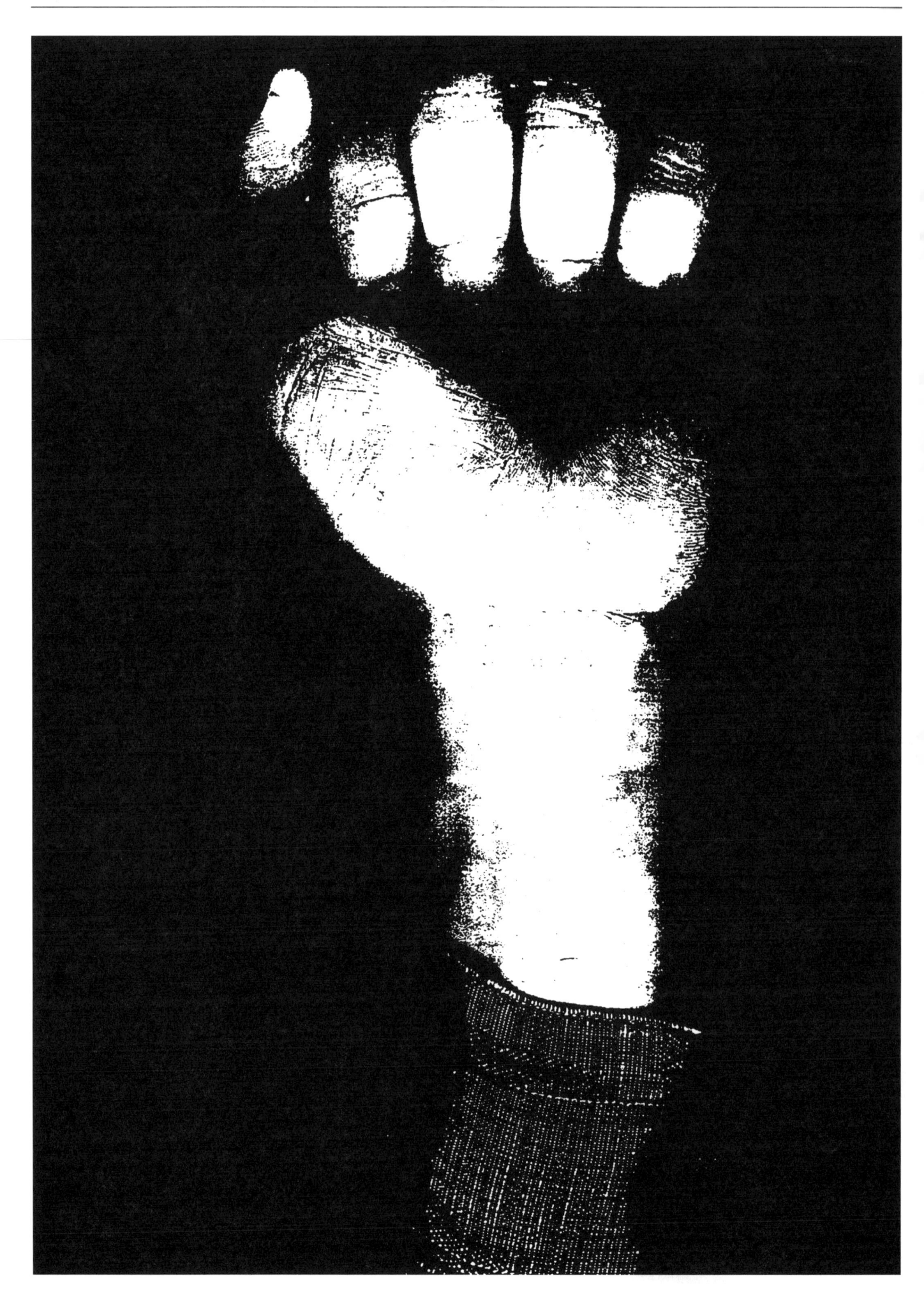

72 | Arbeitsmaterialien | Faust | **M6** | **Beichte und Vergebung**

Beichte und Vergebung | **M7** | Zeus-Kopf | **Arbeitsmaterialien** | 73

© AKG, Berlin

74 | **Arbeitsmaterialien** | Arbeitsblatt | **M8** | **Beichte und Vergebung**

© epd-Bild, Frankfurt

Jesus spricht:

Ich bin die Tür;

wenn jemand
durch mich hineingeht,

wird er selig werden
und wird
ein- und ausgehen
und Weide finden.

(Joh 10,9)

Wer durch diese Tür geht, ...

✎

Gut gefällt mir an deiner Landschaft ...

✎

Wenn Jesus diese Tür ist, ...

✎

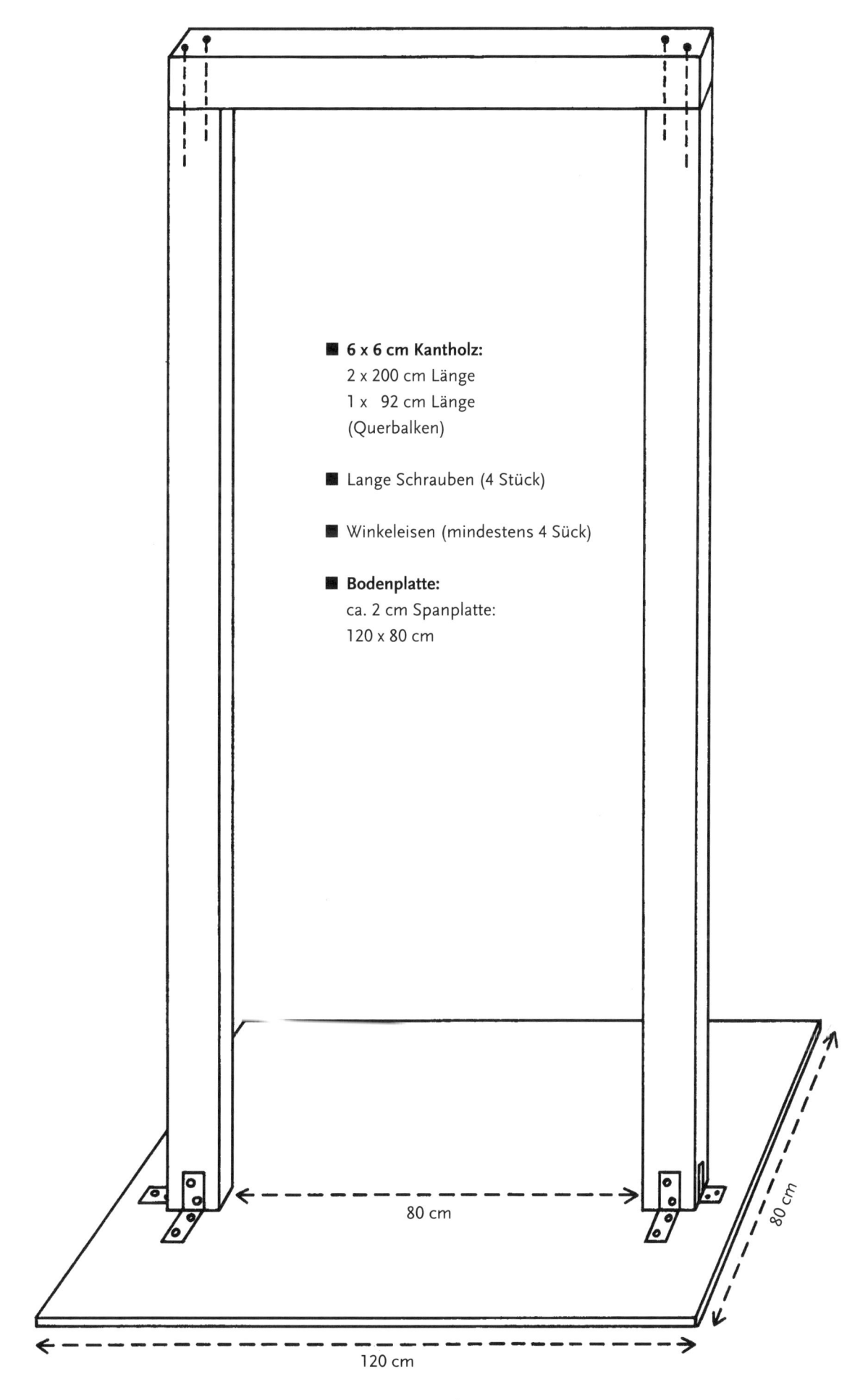

Beichte und Vergebung | **M12 (A)** | Bauanleitung | **Arbeitsmaterialien** | 77

- **6 x 6 cm Kantholz:**
  2 x 200 cm Länge
  1 x 92 cm Länge
  (Querbalken)

- Lange Schrauben (4 Stück)

- Winkeleisen (mindestens 4 Sück)

- **Bodenplatte:**
  ca. 2 cm Spanplatte:
  120 x 80 cm

80 cm

80 cm

120 cm

Der Türrahmen

78 | Arbeitsmaterialien | Bauanleitung | M12 (B) | Beichte und Vergebung

- **3 x 5 cm Kantholz:**
  2 x 198 cm Länge
  4 x 68 cm Länge

- Schrauben

- 2 Scharniere

- **mindestens 4 mm Sperrholz**
  8 x 49,5 x 78 cm
  (je 4 Platten für die Innen-
  und für die Außenseite
  des Türblattes)

- kleine Schrauben

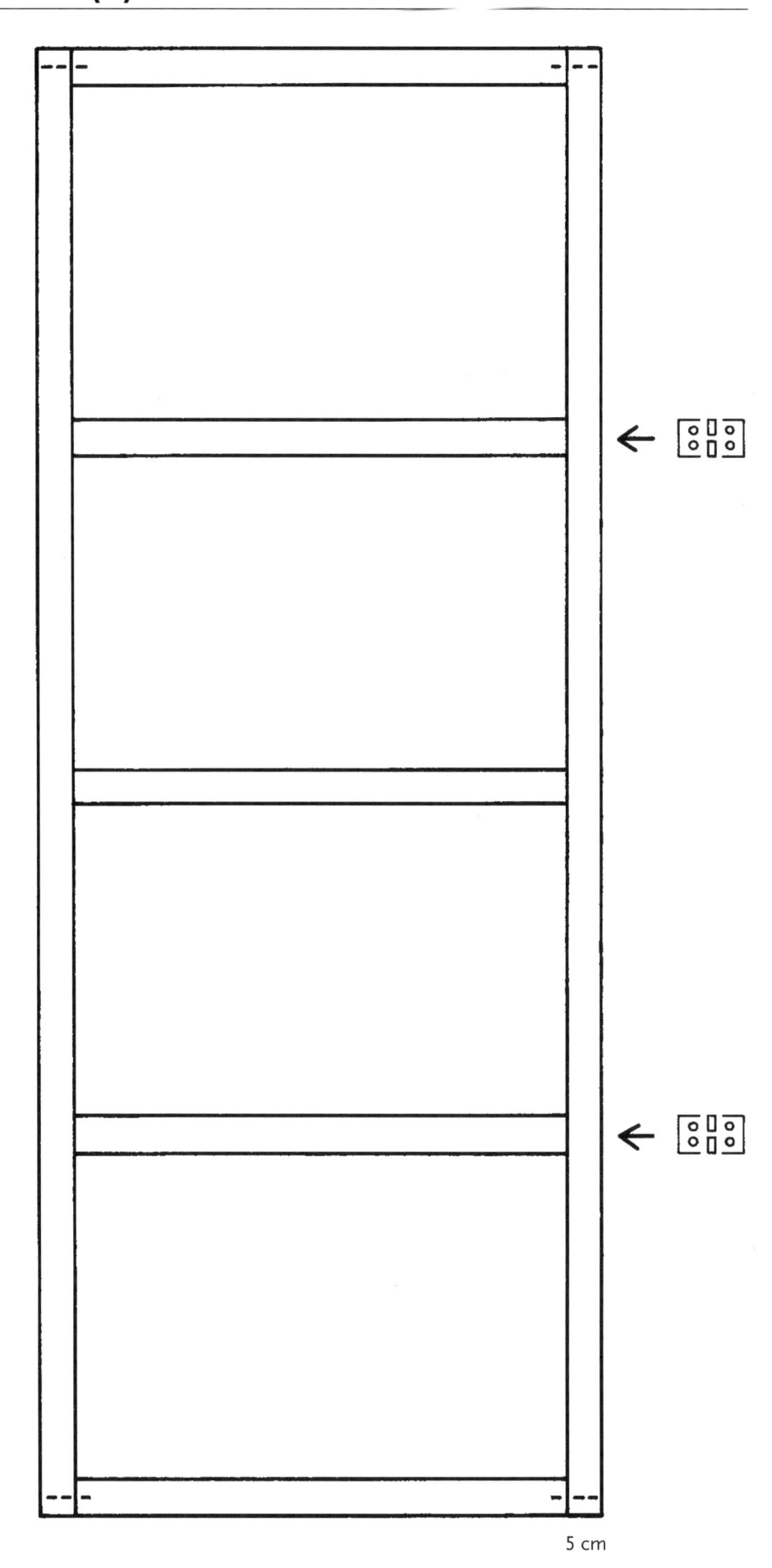

5 cm

Das Türblatt

→ Der Kleine Katechismus

Martin Luther
Der Kleine Katechismus Doktor Martin Luthers
Revidierte Fassung. Mit der Theologischen Erklärung von Barmen 1934, einer
Sammlung von Gebeten, Bibelversen und Liedern sowie Übersichten über das
Kirchenjahr und die Bücher der Bibel.
27. Auflage. 64 Seiten. Kt.
[3-579-01000-X] GTB 1000

Der Kleine Katechismus (1529) stellt die Summe dessen dar, was die lutherische
Reformation an neuen entscheidenden Erkenntnissen und Wahrheiten gebracht hat.
Er enthält das neue Glaubensgut in kurzen Kernsätzen, die der Große Katechismus
aus dem gleichen Jahr als Kommentar auslegt.

Die vorliegende Ausgabe bietet neben dem Kleinen Katechismus den Text der
theologischen Erklärung von Barmen vom 31. Mai 1934, eine Sammlung von
Gebeten, biblischen Worten und Liedern sowie Übersichten über das Kirchenjahr
und die Bücher der Bibel.

Gütersloher Verlagshaus

KU zu den 5 Hauptstücken des Kleinen Katechismus

Gütersloher Verlagshaus